T0249362

"Con su pasión por investir de poder a la nueva generación y, a la vez, por guiar a la generación actual, Darlene Zschech es posiblemente la mentora más asombrosa que conozco. Quién mejor para que podamos aprender de ella que Darlene, que con su despertar continúa levantando a algunos de los líderes más influyentes, inspiradores y creativos sobre la faz de la tierra. Ella ha vivido este libro muy bien. Permítale que lo equipe y lo guíe a liberar a otros."

—LOUIE GIGLIO
The Passion Movement/Passion City Church

"Los grandes líderes como Darlene Zschech vierten su vida en otros. Este libro poderoso y apasionado, repleto de reflexiones valiosas y prácticas, hace un llamado a los líderes ya establecidos y a los que se están levantando para que trabajen unidos, mostrando cómo pueden combinar sus fortalezas individuales para dejar un legado aun mayor a las próximas generaciones."

—JOHN C. MAXWELL
Autor de grandes éxitos de venta,
conferencista y fundador de
The John Maxwell Company

"Cuando alguien conoce a Darlene se da cuenta de que es alguien que ama a la gente. No solo a las personas 'brillantes' que uno esperaría encontrar en su mundo, sino a los quebrantados, a los pobres y a los desanimados. La he visto una y otra vez animar a las personas en las que nadie más cree. Muchos de ellos se han convertido en nombres bien conocidos en la actualidad en el ámbito de la adoración, que comenzaron de manera muy diferente pero ella reconoció su potencial. Este libro nos ayudará a comprender que el evangelio se trata de las personas, no de una marca."

—MARTIN SMITH
Compositor, ex cantante principal
de Delirious y fundador de CompassionArt

Libros de Darlene Zschech

PUBLICADOS POR CASA CREACIÓN

Adoración sin reservas
El beso del cielo

DARLENE ZSCHECH se conoce en todo el mundo como cantante, compositora, líder de adoración y conferencista, y más que todo por su participación en la música en la Iglesia Hillsong durante muchos años. Aunque ha obtenido numerosos álbumes de oro y sus canciones se cantan en muchos países, su éxito no es otra cosa que un testimonio de la pasión en su vida por servir a Dios y a las personas de todo corazón. El compromiso en la vida de Mark y Darlene de hacer todo lo que puedan para proporcionar respuestas y alivio al sufrimiento humano condujeron al nacimiento de Hope: Rwanda [Esperanza para Ruanda], para traer esperanza y sanidad a esa nación aparentemente olvidada desde el genocidio de 1994. A medida que este movimiento ESPERANZA se ha extendido a Cambodia, Vanuatu, India, Uganda y más allá, su trabajo en ESPERANZA: Global se incrementa cada vez más. Además ambos trabajan activamente con Compassion International sirviendo a los niños más pobres del mundo. En 2011 Mark y Darlene se convirtieron en los pastores principales de la Iglesia Hope Unlimited en la hermosa Costa Central de Nueva Gales del Sur, donde viven con su familia en la actualidad. A pesar de que viajan mucho y han tenido el honor de ministrar en todo el mundo, Darlene afirma: "Primero y más que todo soy una mujer que ama a Cristo con sencillez y de todo corazón y lo sirvo amando a mi familia, sirviendo a la iglesia y hablando por aquellos que no pueden hablar por sí mismos".

Para más información, visite *darlenezschech.com* y *hopeunlimitedchurch.com*.

EL**ARTE**

DE SER **UN MENTOR**

DARLENE ZSCHECH

CASA
CREACIÓN

La mayoría de los productos de Casa Creación están disponibles a un precio con descuento en cantidades de mayoreo para promociones de ventas, ofertas especiales, levantar fondos y atender necesidades educativas. Para más información, escriba a Casa Creación, 600 Rinehart Road, Lake Mary, Florida, 32746; o llame al teléfono (407) 333-7117 en Estados Unidos.

El arte de ser un mentor por Darlene Zschech
Publicado por Casa Creación
Una compañía de Charisma Media
600 Rinehart Road
Lake Mary, Florida 32746
www.casacreacion.com

No se autoriza la reproducción de este libro ni de partes del mismo en forma alguna, ni tampoco que sea archivado en un sistema o transmitido de manera alguna ni por ningún medio –electrónico, mecánico, fotocopia, grabación u otro– sin permiso previo escrito de la casa editora, con excepción de lo previsto por las leyes de derechos de autor en los Estados Unidos de América.

A menos que se indique lo contrario, el texto Bíblico ha sido tomado de la versión Reina-Valera © 1960 Sociedades Bíblicas en América Latina; © renovado 1988 Sociedades Bíblicas Unidas. Utilizado con permiso. Reina-Valera 1960™ es una marca registrada de la American Bible Society, y puede ser usada solamente bajo licencia.

Copyright © 2011 by Extravagant Worship, Inc.

Originally published in English under the title:
The Art of Mentoring
by Bethany House, a division of Baker Publishing Group
Grand Rapids, Michigan, 49516, U.S.A
All rights reserved.

Copyright © 2012 por Casa Creación
Todos los derechos reservados

Traducido por: Wendy Bello

Director de diseño: Bill Johnson

Visite la página web de la autora: www.darlenezschech.com

Library of Congress Control Number: 2011944003
ISBN: 978-1-61638-548-4
E-book ISBN: 978-1-61638-773-0

Impreso en los Estados Unidos de América
12 13 14 15 16 * 7 6 5 4 3 2 1

Para mis
hijas: Amy, Chloe
y Zoe Jewel, cuyas
vidas me inspiran a vivir
con alegría y propósito,
siendo su futuro mi mayor
motivación, y "que sus
sueños se hagan realidad"
mi más grande
oración.

*Por lo tanto, imiten
a Dios en todo lo que
hagan porque ustedes son
sus hijos queridos. Vivan una
vida llena de amor, siguiendo
el ejemplo de Cristo. Él nos amó
y se ofreció a sí mismo como
sacrificio por nosotros, como
aroma agradable a Dios.*

—Efesios 5:1–2

CONTENIDO

PRÓLOGO

El hecho de que alguien muy involucrado en la iglesia a nivel global se refiera a los momentos actuales siempre resulta muy relevante.

Darlene Zschech es esa persona y gracias a Dios es muy práctica.

Darlene no solo ha influido en la vida de adoración de la iglesia a nivel mundial a través de su música y sus dones sino que también es una experimentada líder pastoral y una voz respetada en la cultura de la juventud actual. Además es una esposa fiel y una madre eficaz; ella y su esposo Mark tienen tres hijas, un yerno y dos nietecitos.

Así que sin lugar a dudas en este libro que usted tiene en sus manos hay sabiduría práctica de una mujer que tiene las cualidades necesarias para que la escuchemos.

Mi respeto por la autora se debe no solo a sus asombrosos dones personales. Se basa en la claridad de sus objetivos, el ajuste a la Palabra y la conciencia cristiana que ella muestra.

Ya sea que la conozca como líder de adoración, que la escuche como conferencista de prestigio a nivel internacional, o que converse con ella como amiga de la forma en que yo he podido hacerlo a menudo, encontrará sinceridad genuina, solidez espiritual y gracia personal.

He mencionado las seis cualidades de Darlene que aparecen arriba no solo porque son ciertas sino porque son muy necesarias en cada uno de nosotros en la actualidad. Estos son valores que deben cultivarse y reforzarse, rasgos que mentores y modeladores deben transmitir a la nueva generación a través del servicio y la formación de los jóvenes que nos observan e imitan.

Creo que encontrará "aire fresco" dentro de estas páginas: un aliento de revelación e inspiración para incrementar su sensibilidad y capacidad de responder adecuadamente ante los tiempos trascendentales que vivimos.

Los cambios sociales se producen tan rápido que, sin el balance y la solidez de aquellos que tienen una perspectiva de discernimiento, la confusión y el engaño constituyen una amenaza constante. Es por eso que estoy agradecido por el contenido de este libro. Nos ayudará a cada uno de nosotros a percibir y enfrentar el momento al añadir equilibrio y solidez a nuestra propia experiencia, al enriquecer nuestro propio potencial para invertirlo en aquellos a quienes Dios nos ha llamado a ayudar para que alcancen su propio propósito en la vida.

Ya sea que usted es parte de la generación que se está levantando o uno de aquellos llamados a dar la bienvenida y ayudar a dicha generación a alcanzar el potencial para marcar una diferencia eterna en nuestro mundo, únase a mí en la respuesta a este mensaje.

Póngase a tono con los momentos de los que habla este mensaje profético en este momento crucial.

El mensaje está claro: queda de nuestra parte el que lo escuchemos.

¡Y que lo llevemos a la práctica...ahora!

Jack W. Hayford
Pastor fundador, The Church On The Way
Fundador y rector, The King's University

INTRODUCCIÓN:
EL POR QUÉ Y EL QUÉ

Un buen lugar para comenzar...

Salmo 145:3-7: "Grande es Jehová, y digno de suprema alabanza; y su grandeza es inescrutable. Generación a generación celebrará tus obras, y anunciará tus poderosos hechos. En la hermosura de la gloria de tu magnificencia, y en tus hechos maravillosos meditaré. Del poder de tus hechos estupendos hablarán los hombres, y yo publicaré tu grandeza. Proclamarán la memoria de tu inmensa bondad, y cantarán tu justicia".

Si estas palabras del salmista David reflejan de alguna manera la aventura que usted desea experimentar y compartir con la nueva generación, entonces ¡continúe leyendo, mi amigo!

Mi historia en el ministerio hasta ahora ha sido una de las mayores aventuras que alguien haya vivido. Como a menudo sucede con la vida, de vez en cuando ha sido un camino lleno de baches, con tiempos muy difíciles...pero la dulzura de Jesús ha sobrepasado con creces cualquier dolor, de modo que no cambiaría ni un momento de ella. Y aunque nunca podría componer suficientes canciones para hablar de todas sus maravillas, o escribir un libro digno de su grandeza, sí deseo compartir de la forma más práctica y honesta que pueda algunos de los obstáculos que he encontrado en mi esfuerzo por guiar a la nueva generación. Es mi oración que, a través de la lectura de este libro, la gracia de Dios lo prepare para adentrarse en futuras temporadas de liderazgo transitorio con delicadeza y gran poder.

Durante muchos años, Mark y yo, y nuestra familia, hemos tenido el honor de formar parte de la Iglesia Hillsong en Sydney, Australia, donde el liderazgo se modela y se promueve y donde el ser un mentor a nivel corporativo y el ofrecer un lugar a la nueva generación ha sido siempre esencial a la hora de establecer prioridades y diseñar estrategias.

De modo que este es mi marco de referencia: vivir dentro de un equipo de líderes cuya pasión en la vida es hacer un viaje dentro del corazón de Dios y descubrir el verdadero significado de la adoración. Personalmente he trabajado duro para desarrollar mis propias habilidades para el liderazgo, que han surgido a partir de una enseñanza maravillosa, la lectura voraz, la capacidad de escuchar tanto con mi mente como con mi corazón y la observación de aquellos a quienes deseo imitar.

Y he encontrado esta verdad: si la vida se tratara solamente de sentir que hemos cumplido nuestros propósitos personales, entonces gran parte de este libro sería innecesaria…pero ya que usted y yo hemos sido llamados a seguir el gran ejemplo de Jesucristo, quien vino a esta tierra a vivir y a morir por las personas y a cambiarnos por su gracia y convertirnos en una familia que puede amar como Él ama, me siento obligada a comunicar lo que hay en mi corazón. Es mi deseo más profundo recordar a los líderes en todo el mundo que el Reino de Dios se trata de las personas y que no estamos aquí para construir nuestros propios reinos sino para traer el Reino de Dios a las vidas de otros. La vida que se vive en Cristo es una vida sacrificada: una vida que se derrama, una vida que se vive para levantar las vidas de otros.

Mediante las conversaciones que he sostenido con líderes durante mis viajes por todo el mundo he descubierto que el arte de ser un mentor y de guiar equipos a través del laberinto de la transición, tanto corporativa como individual, no se trata de *yología*. Se basa en el hecho de ayudar a otros a alcanzar todo su potencial de modo que puedan conocer, apreciar y usar la gran herencia de la fe que se encuentra en Cristo.

Desde la primera vez que entré en mi iglesia local cuando tenía casi quince años, tuve la sensación de que había llegado a casa. Y fue esta bienvenida con los brazos abiertos lo que me hizo amar la casa de Dios. A pesar de que he crecido y me he familiarizado más con la casa y con el pueblo de Dios, he llegado a valorar y apreciar la presencia de Dios en sus hijos e hijas de una manera totalmente tierna y sagrada.

Y gracias a que me he sentido tan bien recibida como discípula de Cristo, quien tuvo siempre un corazón dispuesto pero un alma quebrantada, siento ahora la pasión de extender el amor y la aceptación a esta generación y a las generaciones venideras. Es mi deseo que las personas en todo el mundo experimenten una fuerte y poderosa comprensión de quién es cada una de ellas en Cristo y cuán valioso y necesario es cada uno de nosotros *en este momento.*

Pero en este sentido, a medida que he transitado por la vida en la iglesia, me he dado cuenta de que existe una gran división en lo que se refiere a que una generación esté, al menos, consciente de la siguiente. He conversado con muchos líderes que tienen una dedicación asombrosa a las cosas de Dios y que, no obstante, pareciera que les falta revelación acerca de la necesidad de levantar a una nueva generación que le sirva. Algunos líderes bien intencionados no consideran que sea su responsabilidad encontrar y alentar nuevas formas e ideas frescas de aquellos que son décadas más jóvenes que ellos. Pero la verdad es que, como padres y madres en el Señor, es nuestra responsabilidad ayudar a nuestros hijos e hijas a lograr más de lo que alguna vez pudieron atreverse a soñar, de modo que una generación pueda edificar a la siguiente. Dicho esto, este libro no pretende decirle a alguien que pueda estar sintiéndose viejo o fuera de época que su tiempo se ha terminado o que es hora de que se haga a un lado.

Por el contrario, este libro se escribió para darle herramientas que le permitan revestir de poder a aquellos que Dios le ha confiado con el propósito de que los guíe... ¡y para proporcionarle una información sacada de la vida real que puede evitarle muchos dolores de cabeza en el futuro!

De modo que mi oración es que usted escuche mi corazón en estas páginas y aprenda de mi viaje, incluyendo los errores, para que también se dé cuenta de que cuando se dedique por completo a hacer que los sueños de otros se hagan realidad, el Señor hará posible que algunos de sus sueños incumplidos también se realicen.

El Salmo 37:4 afirma: "Deléitate asimismo en Jehová, y Él te concederá las peticiones de tu corazón". Este versículo se hizo realidad en mi vida hace un par de años cuando tuve la oportunidad de conocer al gran John Maxwell, un maestro de liderazgo que ha ejercido una gran influencia en mi vida. Me había acercado para hacerle una pregunta específica y quería escuchar su sabia opinión sobre el tema de levantar un fuerte liderazgo generacional. Deseaba enriquecerme de su experiencia en el ministerio, en la familia y en los negocios, así que le pregunté acerca de la importancia de convertirnos en mentores y de la transición generacional. Su respuesta fue: "A menos que se enseñe consistentemente el *porqué* detrás del *qué*, a menos que prediquemos un estándar y no solo un método, veremos que la claridad, la precisión y, aún más importante, el por qué original se distorsiona grandemente en medio de todo lo que hacemos".

A pesar de que me falta mucho por crecer en todas las esferas de mi vida, estoy convencida de que esta generación de adoradores y líderes quiere involucrarse con un mensaje que conmueva a las personas en lo más profundo de su ser. Ellos no están interesados en dedicar sus vidas a melodías plásticas y pasivas o a métodos mundanos de adoración. No quieren "fingir" que conocen a Dios, quieren algo real. Conozco de primera mano que una vez que alguien experimenta la realidad de Dios, no los bombos y platillos o la emoción, sino la grandiosa llenura de su gloria corriendo por sus venas, cualquier imitación simplemente arruina sus papilas gustativas espirituales.

No hay sustituto para su presencia, porque es allí donde contemplamos su gloria y cambiamos. Es su presencia lo que yo deseo que usted experimente a medida que lee.

Me he propuesto mantener este libro fuerte y a la vez práctico; por tanto, en vez de crear capítulos, he llamado a cada sección *valor*. Estos temas son críticos a la hora de preparar un terreno para un cambio exitoso, ya sea grande o pequeño. Las secciones no tienen un orden particular y algunos valores podrían aplicarse a su situación más que otros.

No obstante, a medida que lea, es mi oración que considere el Salmo 145 y cómo esta parte de las Escrituras puede convertirse en una realidad en el ambiente que lo rodea a diario. Mi esperanza es que este libro alimente su compromiso de alcanzar todo su potencial y sus posibilidades en Cristo y que use dichas fortalezas para abrir un camino a la nueva generación.

Ya sea usted parte de una iglesia local que está abrazando el cambio o de una que se resiste a él por completo, ya sea que viva en un país que no tiene altos niveles de desarrollo o en uno donde pueda tener acceso más inmediato a los fondos y las oportunidades, puedo asegurarle que la Palabra de Dios funciona dondequiera que se aplique.

Hagamos juntos el viaje y conviértase en un maestro en el arte de ser un mentor, de modo que podamos crear una transición generacional perfecta…

Yo creo mucho creo en usted.

VALOR UNO:
TIEMPO DE CRECER

"Así ha dicho Jehová de los ejércitos: Aún han de morar ancianos y ancianas en las calles de Jerusalén, cada cual con bordón en su mano por la multitud de los días. Y las calles de la ciudad estarán llenas de muchachos y muchachas que jugarán en ellas".

—Zacarías 8:4–5

En cualquier temporada en la que se requiere una transición ocurre una fase de crecimiento que es esencial tanto para el mentor como para el alumno. Todos necesitamos "una buena ciudad en la cual envejecer. . . una buena ciudad en la cual crecer". Ya sea que estemos en busca de un lugar al que podamos llamar hogar, donde podamos contar nuestras experiencias sobre la bondad de Dios, o que simplemente estemos comenzando el proceso de crecimiento y buscando un lugar para reír y jugar con los amigos, todos nos encontramos en el proceso de crecimiento.

Y dicho crecimiento trae consigo el dolor del estiramiento y del cambio…pero anímese, los dolores del crecimiento son normales y necesarios. Todo lo que vale la pena lograr en esta vida requiere de tiempo, paciencia y alguna que otra molestia. Por ejemplo, leemos las palabras del salmista y pensamos: *Si tan solo pudiera expresar lo que hay en mi corazón con tanta transparencia. Si tan solo pudiera confiar y creer con esa seguridad genuina que él tenía.* Lo que olvidamos es la cantidad de tiempo que tomó construir esa clase de confianza. Pasamos por alto el hecho de que David el salmista pasó toda su vida llevando sus palabras al papel y aprendiendo la forma de exponer y hacer que su corazón madurara delante de Dios.

A menudo David gritaba: "¿Hasta cuándo?" Estas dos palabras nos resultan familiares a cada uno de nosotros en nuestra lucha por encontrar respuestas a nuestras oraciones. Nos preguntamos mientras defendemos nuestra causa: *¿Cuánto tengo que esperar hasta que la mano de Dios intervenga en mi realidad para obrar el milagro que solo Él puede hacer? ¿Cuánto tiempo falta hasta que esta situación se revierta? ¿Cuánto tiempo falta hasta que estas preguntas que tengo en mi corazón reciban respuesta? ¿Cuánto tiempo falta hasta que las personas que me han rechazado por fin me escuchen?*

¿Cuánto tiempo? Es una pregunta que me suena muy familiar. Muchas veces he preguntado: "¿Cuánto tiempo nos tomará a nosotros como líderes y amigos darnos cuenta de que es nuestra responsabilidad transmitir lo que conocemos y capacitar a aquellos que están creciendo detrás de nosotros, ya sea que se trate de nuestros hijos naturales o de aquellos presentes en nuestro círculo de liderazgo e influencia?" Tengo un deseo ardiente de ver cómo los frutos de una generación pasan a la siguiente de modo que los más jóvenes puedan aprender de los más viejos.

Mis abuelos son un ejemplo viviente de la parte de las Escrituras que inicia esta sección. Mi abuelo, conocido como Pop en nuestra familia, tiene noventa años. Él y mi abuelita han recibido la bendición de una salud excepcional y en el momento en que escribo estas líneas viven independientes, amando a Dios, amándose el uno al otro y amando y sirviendo a su iglesia local. Son un brillante ejemplo de personas que han dedicado sus vidas a servir a otros. En innumerables ocasiones diversas personas me han contado de alguna ocasión en la que Nan y Pop les abrieron las puertas de su hogar a ellos o a alguien que conocían. Mis abuelos compartían su comida, sus recursos y su sabiduría siempre que les era posible, derramándose continuamente para bendecir a las personas. Por encima de todo, lo que resalta es su compromiso indeleble de animar e inspirar a las generaciones más jóvenes. Nunca se han cansado de *contarnos las historias* acerca de la fidelidad de Dios durante toda su vida, animándonos en nuestra fe y ayudándonos a ver que Dios será fiel a su Palabra, sin importar cuán difícil pueda parecer la situación actual.

Hace solo algunas semanas, Mark y yo fuimos a la casa de Nan y Pop para conversar con ellos acerca de lo que pensábamos que Dios estaba diciendo sobre la nueva temporada. Y como el hombre fiel a Dios que es, Pop puso sus manos sobre nuestras cabezas e hizo una poderosa oración de fe, pidiendo a Dios que extendiera su favor sobre sus hijos para que su obra pudiera verse a través de nosotros en abundancia. En ese momento la presencia poderosa de Dios nos sobrecogió.

Más tarde, Mark y yo conversábamos acerca de cuánto nos conmovía la pasión de Pop por ver la Palabra de Dios y su poder establecido en nuestras vidas. Pop nos ha contado muchas historias sobre cómo Dios los libró a él y a Nan, siempre recordándonos que si Dios había podido hacerlo en ese momento, podía hacerlo ahora también. Nos sentimos muy agradecidos de contar con su influencia en nuestras vidas.

Puede que usted esté pensando: Bueno, no tengo abuelos que conozcan al Señor para que me cuenten historias y no tengo a nadie que libere una bendición sobre mi generación. Estimado amigo, ese vacío es el objetivo de este libro. Puede convertirse para otros en lo que usted mismo no tuvo, de modo que la siguiente generación pueda contar con sus "historias de fe" como apoyo y con su bendición para transmitirla a otros. A medida que dé pasos para adentrarse en roles como guía de otras personas en su rutina diaria, es mi oración que su mayor deseo sea ver a la nueva generación inspirada, centrada y llena de compasión por los perdidos y los quebrantados. Usted y yo podemos marcar la diferencia que cambie el futuro. Permítame animarlo: Cuente sus historias, de modo que la maravillosa historia del milagro pueda escucharse continuamente. Al hacerlo, ¡estará brindándole a la nueva generación fuerzas para continuar!

Usted tiene influencia

Sé que usted es un creyente que anhela tener influencia…y la tiene. Los corazones de las personas en todo el mundo están descontentos y, más que nunca, las personas están buscando un cambio. Estamos viviendo una época emocionante y estoy lo suficientemente loca como para creer que estamos a punto de ver una gran revolución global dentro del cuerpo de Cristo. También creo que usted y yo jugamos un importante papel en ella. Estamos viviendo una época por la que aquellos que vivieron antes de nosotros oraron diligentemente, soñándola e iniciándola con gran valentía. A través del tiempo, establecieron un fundamento y pagaron el precio por el nivel más alto de unidad que experimentamos en la iglesia actualmente. El resultado ha sido una creciente pasión a nivel mundial alentada por el Espíritu para aliviar el sufrimiento humano.

Usted puede convertirse para otros en lo que usted mismo no tuvo, de modo que la siguiente generación pueda contar con sus "historias de fe" como apoyo y con su bendición para transmitirla a otros.

La fe está aumentando y la esperanza permanece firme, a pesar de que el estado de la humanidad es desesperado y la iglesia, tan bella como es, todavía está creciendo en su comprensión y confianza acerca de quién tiene que ser. Sí, el cambio ha sido lento, pero las generaciones se están volviendo más fuertes. La revelación del plan y del propósito de Dios en la tierra está floreciendo plenamente aun en los corazones más duros.

En la *Nueva Traducción Viviente*, el Salmo 78:7 afirma que "cada generación volviera a poner su esperanza en Dios y no olvidara sus gloriosos milagros, sino que obedeciera sus mandamientos. Cada generación debe volver a poner su esperanza en Dios y no olvidar sus gloriosos milagros sino obedecer sus mandamientos". El versículo 8 continúa: "Entonces no serán obstinados, rebeldes e infieles como sus antepasados, quienes se negaron a entregar su corazón a Dios".

Los actuales son días estratégicos y la forma en que vivimos es fundamental para que tenga lugar lo que podría ser ¡la más grande revolución de los corazones humanos en la historia!

Ponerse a la vanguardia de esta época en el momento adecuado implica un gran reto para los hombres y mujeres jóvenes que decidan hacerlo, personas a las que, desde una temprana edad, Dios cautivó con su asombroso amor y que están seriamente listos para entregar sus vidas por amor a Cristo. Para usted y para mí implica dolores crecientes, ya que ahora tenemos que guiar este vasto despliegue de personas asombrosas, más jóvenes y más viejos, muy ambiciosos, extremadamente talentosos, aferrados a sus ideas, exitosos y apasionados. Y, por supuesto, también están los indisciplinados, algunos con talentos menos obvios y muchos hijos sin padres (a menudo sin un sentido de pertenencia).

A nivel personal he sentido la necesidad de crecer y extender mi capacidad de liderazgo en todos los niveles. Muchos de los temas de liderazgo que hemos enseñado a nuestros equipos de adoración a lo largo de los años no han tenido mucho que ver con la música como tal, sino con cosas como el discipulado, el valor personal, la teología de la adoración y el amor inagotable de Dios hacia su pueblo. Y como sucede con la mayoría de las grandes oportunidades que se nos presentan disfrazadas en forma de problemas, honesta y continuamente he tenido que pedir a Dios a diario que me dé su sabiduría para guiar adecuadamente. ¡Oh, qué travesía! ¡Qué Dios!

Ser un mentor: un acto de obediencia

A través de todos los salmos encontramos una carga constante de tomar en serio la responsabilidad de declarar la fidelidad de Dios a la nueva generación. No hacemos esto porque tenemos una noción romántica acerca de Dios o porque pensamos que declarar su bondad es una buena idea, sino porque hacerlo es un acto de obediencia. El rey David comprendía su responsabilidad.

Los verdaderos mentores se ganan los corazones de aquellos a los que guían.

En el Salmo 71 vemos a David pidiendo a Dios que extienda el aliento en su vida hasta que haya declarado adecuadamente a la siguiente generación su grandeza y su poder. El versículo 18 afirma: "Aun en la vejez y las canas, oh Dios, no me desampares, hasta que anuncie tu poder a la posteridad, y tu potencia a todos los que han de venir".

Y en el Salmo 145, uno de los capítulos cruciales en mi vida que a menudo Dios usa cuando me habla o me desafía, una vez más vemos a David cantando proféticamente acerca de las generaciones futuras, describiendo lo que somos usted y yo en el momento actual y lo que ha estado ganando relevancia durante cientos de años: las generaciones están absolutamente dedicadas y cautivadas por la naturaleza gloriosa de nuestro Rey.

Así como en los días de David, hoy se habla mucho acerca de guiar a las nuevas generaciones y mucho de lo que se habla suena maravilloso. No obstante, la verdad es que para animar a la nueva generación, tenemos que convertirnos en líderes desinteresados que no estemos buscando ganar un nombre o una posición para nosotros sino más bien estar deseosos de transmitir nuestro conocimiento y entendimiento por amor al reino. Así como David, tenemos que estar listos a negarnos a nosotros mismos con el objetivo de proteger a aquellos que Dios ha confiado bajo nuestro cuidado. 2 Samuel 23:15-17 cuenta de una época en la que David anhelaba beber un poco de agua de un pozo de Belén donde se había refrescado a menudo cuando era niño. Cuando los tres poderosos hombres escucharon acerca de su sed, pasaron a través del campo enemigo, arriesgando sus vidas, para cumplir su deseo. Los verdaderos mentores se ganan los corazones de aquellos a los que guían. Por tanto, los valientes guerreros le trajeron el agua a David, pensando que lo estaban haciendo por él. Pero David tenía sus prioridades alienadas con las de Dios y derramó el agua como una ofrenda delante del

Señor. Su vida no se trataba de satisfacer sus propias necesidades sino de exaltar el nombre del Señor sin importar el costo que esto significara para él.

Cuando la carne gobierna

Parece fácil pero la historia de la iglesia prueba que el hombre tiene la tendencia de poner su propia reputación y deseo de reconocimiento por encima de todo lo demás. Con demasiada frecuencia cuando aquellos que nos siguen comienzan a avanzar más allá de lo que nosotros hemos logrado, prevalecen los celos y nuestro trabajo como mentores sufre una dolorosa parada. Entonces Dios tiene que esperar a que otra generación se levante, una que tenga las prioridades del reino.

En Deuteronomio 1 y 2 leemos acerca de la lucha que tuvo Moisés con los indecisos israelitas que se negaron a creerle a Dios y lo hicieron a él señor de todo, a pesar de estar experimentando sus increíbles favores y su provisión milagrosa. ¡Hay que ser obstinado! Bajo el liderazgo de Moisés, Dios los guió por el desierto. Fue delante de ellos, les enviaba una columna de fuego por la noche y una nube por el día para mostrarles el camino. Pero ellos no se sometieron ni al plan ni al propósito de Dios para sus vidas. Pensaban que sabían más que Dios y esa actitud rebelde y desobediente se convirtió en su ruina.

Finalmente el Señor le dijo a Moisés en Deuteronomio 1:34–36: "No verá hombre alguno de estos, de esta mala generación, la buena tierra que juré que había de dar a vuestros padres, excepto Caleb hijo de Jefone; él la verá, y a él le daré la tierra que pisó, y a sus hijos; porque ha seguido fielmente a Jehová". Dios tuvo que esperar treinta y ocho años hasta que toda una generación pasara para que su voluntad perfecta se cumpliera en la tierra.

Nosotros los padres sabemos lo que se siente al ver a nuestros hijos tomar la decisión de desobedecer. Luchamos con la decepción de nuestros hijos y con las dudas acerca de nuestra habilidad de manejar la situación correctamente.

Nos torturan preguntas como: "¿Qué hice mal?" "¿Por qué

23

no escucha?" "¿Por qué no puede darse cuenta de que las consecuencias de su elección no le traerán un buen resultado?"

Ciertamente a veces me pregunto cómo se sentirá nuestro Dios, quien ve el final desde el principio y es omnisciente y todopoderoso, cuando nos desviamos. ¿Cómo puede soportar el dolor de vernos tomar tantas decisiones ignorantes, orgullosas y apresuradas que carecen por completo del entendimiento divino de toda la escena? Tal vez la respuesta se encuentra en el ejemplo que Moisés nos dejó. Él es el verdadero héroe. Como líder, se concentró en continuar, guiando y dirigiendo a aquellos que escuchaban. Había aprendido que algunos lo harían y otros no, pero él permanecería fiel a Dios. En Deuteronomio 4, Moisés advierte: "Vuestros ojos vieron lo que hizo Jehová con motivo de Baal-peor; que a todo hombre que fue en pos de Baal-peor destruyó Jehová tu Dios de en medio de ti. Mas vosotros que seguisteis a Jehová vuestro Dios, todos estáis vivos hoy. Mirad, yo os he enseñado estatutos y decretos, como Jehová mi Dios me mandó, para que hagáis así en medio de la tierra en la cual entráis para tomar posesión de ella...las enseñarás a tus hijos, y a los hijos de tus hijos" (vv. 3–5, 9).

Los versículos que siguen a continuación en ese pasaje contienen una de las enseñanzas más poderosas de la Biblia acerca de la obediencia y el sacrificio...y luego los Diez Mandamientos se presentan ante todos nosotros.

Entonces, ¿por qué no tuvo Moisés un éxito mayor al levantar a aquella generación? Bueno, cuando no logramos enseñar con éxito los principios detrás de *por qué* hacemos ciertas cosas, la efectividad del resultado por lo general desaparece y las personas empiezan a seguir un sistema de rutina para lograr resultados en vez de vivir y poner en práctica sus convicciones.

Hace algunos años la revista *Worth* resaltaba los problemas asociados con la comunicación y la enseñanza eficaz de los principios de vida. El artículo enfatizaba la lucha de proveer para la siguiente generación de modo que también se transmitieran la responsabilidad y el entendimiento. No necesitamos recordar que, a menudo, cuando la riqueza financiera se transmite a aquellos que no se la han ganado por ellos mismos, aquellos que la reciben tampoco tienen la habilidad de administrarla correctamente.

El artículo planteaba: "La mayoría de las veces, los herederos de riquezas no están conscientes de lo que se requirió para construirlas. La teoría es que la primera generación comienza en un arrozal, lo que significa que dos personas que tienen cierta afinidad se unen y crean una fortuna financiera. La segunda generación se muda a la ciudad, se viste con ropas hermosas, asiste a la ópera, dirige grandes organizaciones y la fortuna se estanca. La tercera generación, sin experiencia de trabajo, consume la fortuna financiera y la cuarta generación regresa al arrozal".[1]

A menudo, cuando la riqueza financiera se transmite a aquellos que no se la han ganado por ellos mismos, aquellos que la reciben tampoco tienen la habilidad de administrarla correctamente.

Sepa qué enseñar y enseñe lo que sepa

Puede que esté pensando que el "principio del arrozal" en realidad no se aplica a usted ni en el nivel financiero ni en el espiritual. Sin embargo, cuando el *por qué* hacemos lo que hacemos no está presente en *todo* lo que hacemos, nuestros sistemas de valores evidencian que no tenemos la suficiente veracidad para respaldar con éxito lo que hacemos y quiénes somos. Entonces nuestra propia falta de veracidad se convierte en una piedra de tropiezo para compartir el conocimiento, la visión y la pasión detrás de cualquier cosa que hacemos y de aquellos que somos. No podemos dar lo que no nos pertenece y es por eso que necesitamos tener nuestras propias "historias de fe" para transmitir.

Como padres y madres espirituales tenemos que estar totalmente convencidos de la habilidad de Dios para obrar en nuestras vidas. Así podremos experimentar el maravilloso privilegio que tenemos de transmitir nuestro conocimiento, experiencia, ejemplo y nuestro rico legado de fe a la siguiente generación, que también necesitará recordar que si Dios lo hizo en aquel entonces, puede hacerlo también ahora.

Un problema que a menudo nos encontramos es que no existe el tiempo necesario para que el crecimiento tenga lugar. La mayoría de nosotros no somos muy buenos para sentarnos y conversar a los niveles que se necesitan para intercambiar verdades. O no somos muy buenos dedicando tiempo a escuchar a aquellos que han estado forjando la senda que vemos delante de nosotros. En ambos casos, sin la enseñanza adecuada de una experiencia vivida y, debo decirlo, sin una revelación personal, será difícil aumentar la fuerza de lo que recibió de manos de aquellos que le pasaron a usted su herencia.

La historia de la iglesia en lo que se refiere a la música está repleta de ejemplos históricos de cómo alguien no fue capaz de transmitir sus conocimientos musicales a las generaciones siguientes. Antes de la época de Handel y Bach, la mayor parte de la música en la iglesia estaba en manos de laicos. De hecho, en aquellos días, las personas reconocidas por su educación y cultura eran las que frecuentaban la iglesia.

Fue San Ambrosio, Arzobispo de Milán (374–397), quien por primera vez tuvo un interés especial en la música y la introdujo en la iglesia en las oraciones y la adoración. Diseñó una manera especial de cantar que se conoce como el canto ambrosiano. Este se convirtió en una nueva canción y halló eco dentro de las paredes de muchas casas de adoración. Tristemente, a pesar de eso, cuando Ambrosio murió la música de la iglesia en su círculo de influencia murió con él.

El canto ambrosiano fue grandioso durante una temporada pero, sin revelación generacional, nunca tuvo lugar el "pase del bastón". Pasaron otros doscientos años antes del que el Papa Gregorio llevara a la casa de Dios un nuevo método para cantar: nació el canto gregoriano. En esta ocasión, debido a su razón de existir y a los métodos empleados para enseñar a la generación más joven, este canto ha permanecido vivo hasta nuestros días.

De hecho, si alguna vez tiene la oportunidad de escuchar un canto gregoriano en una de las grandes catedrales del mundo, no lo juzgue. Solo cierre sus ojos y piense en la grandeza de nuestro Dios. Concentre sus pensamientos en los sacrificios de aquellos que le han precedido y permita que su corazón se conmueva de una manera espectacular. Esa experiencia siempre me recuerda que algún día mi plataforma, es decir, la plataforma de influencia que Dios me ha dado, ¡se convertirá de hecho en el punto de partida de alguien más! Es un pensamiento que nos hace ser humildes.

Y aunque no sé cuál es su plataforma de influencia, sí sé que todos necesitamos una comprensión enriquecida bíblicamente acerca de *por qué* hacemos *lo que* hacemos, porque sabemos que sin visión, los pueblos perecen. Pero sabe qué: ¡con visión y entendimiento florecen! Es la visión suya y su comprensión lo que alguien está necesitando como punto de partida.

Usted y yo debemos enseñar a aquellas personas de las cuales somos mentores que nuestras vidas son santas ante Dios y que desarrollar un estilo de vida de adoración es fundamental para mantener la pureza de nuestra influencia. Hechos 10:15 nos advierte que no llamemos común aquello que Dios ha limpiado.

Con toda seguridad este pasaje lo aparta de una vida simple cuando se convierte en un seguidor de Cristo. El problema es que puede llegar a ser muy fácil familiarizarnos un poco ya sea con nuestra plataforma actual o con las personas que nos rodean, o incluso con la presencia de Dios. La familiaridad puede conducir a la apatía y una mañana podemos despertar y darnos cuenta de que hemos perdido nuestro sentido de respeto por las cosas de Dios.

Me gusta la forma en que han traducido Mateo 7:6 en la traducción *The Message*: "No te burles de lo sagrado. Las bromas y la necedad no dan honor a Dios. No reduzcas los misterios santos a meros eslóganes. Al tratar de ser relevante solo estás siendo bonito e invitando al sacrilegio" [traducción de la versión inglesa].

Ofrezca el regalo del tiempo

Este es el momento, mi amigo, de reunir y desempolvar todas las esperanzas y los sueños que han estado en su corazón, incluso si ha sufrido algunas decepciones a lo largo del camino. Respire profundo y simplemente continúe moviéndose en su propia senda, aquella que usted sabe que lo está esperando. Ya sea que esté entrenando a otros o dando los primeros pasos para hacer realidad los deseos de su corazón, dedique tiempo a crecer.

Nos rodean hombres y mujeres jóvenes con gran habilidad, creatividad y pasión, personas que necesitan escuchar nuestras historias de fe y tener un lugar seguro donde crecer. Necesitan pasar tiempo con alguien que escuche sus sueños y reconozca su potencial todavía sin explotar. Necesitan personas como usted y como yo que crean en ellos.

No existe sustituto para el tiempo. Dar tiempo es dar nuestra vida a otros. He aprendido de mis propios hijos que el tiempo de calidad es un tiempo de cantidad y que para poder realmente escuchar sus sueños y deseos necesito momentos en los que nada me interrumpa o distraiga. En Filipenses 2:4, Pablo anima a aquellos que seguirían su ejemplo: "No mirando cada uno por lo suyo propio, sino cada cual también por lo de los otros".

Su vida es todo lo que tiene para dar, así que sea generoso con su tiempo, especialmente con aquellos que acuden a usted en busca de liderazgo y deseando seguir su ejemplo. Comprometámonos con el crecimiento, a pesar de que, más que todo, signifique cambios.

Honre todo lo que ha sucedido en el pasado, pero confíe en todo lo que está por venir.

Juntos construyamos una buena ciudad para envejecer y una buena ciudad para crecer.

"EL CAMBIO ES INEVITABLE. EL CRECIMIENTO, OPCIONAL".

John C. Maxwell

VALOR DOS:
ÁNIMO

Y considerémonos unos a otros para estimularnos al amor y a las buenas obras; no dejando de congregarnos, como algunos tienen por costumbre, sino exhortándonos; y tanto más, cuanto veis que aquel día se acerca.

—Hebreos 10:24–25

Ignacio, de quien se dice que fue el sucesor de Pedro como anciano líder de Antioquía, tenía mucho que decir acerca de Hebreos 10:25, incluyendo: "no dejando de congregarnos, como algunos tienen por costumbre, sino exhortándonos; y tanto más, cuanto veis que aquel día se acerca". Dicho de una manera simple, nos necesitamos los unos a los otros. El diablo está para sabotear nuestros sueños y robar nuestra esperanza de ver cumplidos los propósitos de Dios, no solo en nuestras vidas sino también en las vidas de aquellos que guiamos. Es por ello que Dios nos ha llamado a permanecer unidos y a darnos ánimo mutuamente en la fe. Es en la hermandad que nuestras almas reciben un misterioso alivio, nuestra fe comienza a aumentar y nuestros corazones se entretejen por el amor. No existe un lugar en la tierra en el cual podamos encontrar un mayor bienestar y comprensión mutua que en la familia de Dios. Pero construir relaciones toma tiempo, esfuerzo y aliento. Y…
¡El tiempo pasa tan rápido!

A nivel personal me resulta muy difícil comprender que mi hija primogénita es actualmente una mujer casada y madre de nuestra primera nieta, Ava Pearl. (¡Qué bendición para todos nosotros!) ¡Algunas veces la semana pasa tan rápido que me toma por sorpresa el darme cuenta que el domingo ha llegado nuevamente! Y con el tiempo que vuela tan rápido debemos estar al tanto de la urgencia y el valor de preparar no solo a la siguiente generación sino también hablar sobre la vida y el potencial a la tercera y cuarta generación. Nunca olvidaré cuando nuestro querido amigo, el pastor Rick Godwin, de San Antonio, Texas, dijo: "Darlene, ¡los dos mayores días de su vida son el día en que nació y el día en que se dio cuenta de por qué!" Estas palabras resonaron tan profundamente dentro de mí que aún puedo recordar claramente el sentimiento de que había sido "escogida" para los asuntos del Reino. Parecía como si Dios hubiera encendido las luces de mi espíritu para mostrarme hacia donde me dirigía. Dios usó a Rick para dejar caer un ancla en mi corazón que me mantendría confiada en el Señor. Y la historia demuestra que todos los grandes hombres y mujeres de Dios estuvieron, al igual que Rick, comprometidos a dar ánimo, dirección y promesas a las vidas de otras personas. El ánimo es una parte vital de lo que somos como líderes y de lo que debemos derramar con abundancia sobre las personas que guiamos. Tengo muchos recuerdos de mis padres, líderes de la iglesia y amigos que llenaron mi alma de ánimo cuando no tenía valor para creer en los sueños que Dios había puesto en mi corazón. Actualmente, después de haber visitado diferentes iglesias alrededor del mundo, he aprendido que muchos de los grandes hombres y mujeres que nos rodean, raramente reciben el apoyo que necesitan para alimentar sus sueños. Encuentro muy interesante que en lugar de dar ánimo abundante a otras personas, muchos líderes son bastante mezquinos al dar palabras de aliento a quienes les rodean. ¿Cómo puede ser esto posible? Si vamos a seguir el ejemplo de nuestro Dios, dar ánimo debe constituir nuestra prioridad.

Podemos leerlo en el Salmo 10:16-18 (NVI): "El Señor es rey eterno; los paganos serán borrados de su tierra. Tú, Señor, escuchas la petición de los indefensos, les infundes aliento y atiendes a su clamor. Tú defiendes al huérfano y al oprimido, para que el hombre, hecho de tierra, no siga ya sembrando el terror".

Usted y yo estamos en la tierra como embajadores de Dios para escuchar los deseos de aquellos cuyas metas se han frustrado. Somos llamados a aliviar sus temores con el ánimo de nuestro Rey.

Ver lo que Dios ve en las personas

Hay una gran compañía publicitaria en los Estados Unidos que contrató a una ejecutiva de recursos humanos quien estaba decidida a alentar al personal. Su nombre era Alice. Y fue ella quien hizo una petición a todas las oficinas solicitando a los empleados que listaran algunas de las cualidades que admiraban en sus compañeros de trabajo del departamento. La respuesta fue tan positiva que Alice tuvo que reducir las listas. Luego de muchas horas de preparación, cada empleado recibió una copia enmarcada de las palabras de ánimo que sus compañeros habían usado para describirlos. ¡Adivinó! La atmósfera laboral cambió y las personas comenzaron a actuar con confianza.

Todos necesitamos personas que crean en nosotros hasta que podamos creer en nosotros mismos. Bernabé se convirtió en esa clase de apoyo para el apóstol Pablo, pasando por alto sus defectos y elevando su reputación por encima de la suya propia. Sin embargo, más adelante, cuando un joven ministro que se llamaba Juan Marcos no fue capaz de mantener su compromiso, Pablo pensó que no "era digno" y no quería tener nada que ver con él. Bernabé y Pablo tenían opiniones tan diferentes acerca de Marcos "que se separaron el uno del otro; Bernabé, tomando a Marcos, navegó a Chipre" (Hechos 15:39). Bernabé continuó siendo mentor de Marcos hasta que Marcos se convirtió en una fuerza tan dinámica para el Señor que escribió un libro completo de la Biblia. Imagínese lo que usted y yo nos hubiéramos perdido si Bernabé no le hubiera dado a Marcos una oportunidad para recuperarse de su fracaso. Como líderes necesitamos ser más como Bernabé, animando a aquellos que han caído y mostrándoles cómo levantarse de modo que puedan vivir la vida que se

"¡Los dos mayores días de su vida son el día en que nació y el día en que se dio cuenta de por qué!"

supone que vivan. Necesitamos mirar más allá de los fracasos y magnificar las posibilidades en aquellos que guiamos, negándonos a desecharlos hasta que aprendan a creer en sí mismos.

A medida que las personas maduran, aprenden a animarse a sí mismos en el Señor, así como lo hizo el rey David. Podemos aprender a recibir ánimo genuino de algo que hemos leído, escuchado, visto o experimentado y que se convierte en un beso del cielo que calienta nuestros corazones y nos recuerda que Dios está con nosotros. Por ejemplo, me siento animada cuando escucho buena música, o veo un jardín maravilloso, o admiro una hermosa obra de arte. Me siento animada cuando escucho a alguien predicar un gran mensaje y cuando veo a mi familia bien y trabajando juntos en armonía. Me siento animada cuando veo a mi esposo leyendo y estudiando la Palabra o cuando leo acerca de alguien que, a pesar de todos los contratiempos, ha logrado alcanzar el éxito.

Sí, la vida nos presenta muchos, muchos momentos que tienen el poder de fortalecer nuestra esperanza en el Señor, siempre y cuando escojamos buscarlos.

Alimentar la esperanza y la confianza

¿Qué es lo que le anima a usted?

Hace poco le hice esta pregunta a una amiga cercana que se estaba sintiendo desalentada y no pudo encontrar la respuesta. Pero la tiene…todos la tenemos. Simplemente necesitamos hacer las preguntas correctas para sacar de otras cosas que se han quedado enterradas en el corazón. Las respuestas surgirán. Cuando sabe cómo animarse a sí mismo en el Señor, será capaz de usar sus experiencias para ayudar a otros cuando se están sintiendo derrotados y necesitan un motivo para continuar.

Por alguna razón desde muy temprana edad pude sacar provecho de la capacidad de la música para aliviar y animar mi alma. Me levanta emocionalmente y me consuela cuando no hay nadie que escuche mi corazón. He aprendido a llenar mi vida con música de adoración y una y otra vez veo a la música hacer aquello para lo que fue creada: llenar la atmósfera con la presencia del Señor.

El lenguaje de la música siempre me ha fascinado porque otorga una voz al viaje humano y se convierte en un vehículo de expresión que es mucho más profundo de lo que las palabras solas podrían ser. La música comunica nuestros lamentos, nuestras angustias, nuestras alegrías, los altibajos de la vida. David dice en el Salmo 71:23: "Mis labios se alegrarán cuando cante a ti, y mi alma, la cual redimiste". Me gustaría poder expresar cuánto amo ese versículo.

Cuando era una joven mujer que luchaba por encontrar la anchura y la profundidad de los planes de Dios para el ministerio en mi vida, algunas personas intentaron traerme de regreso a la tierra, por así decirlo, cuando les hablé acerca de los propósitos e intenciones de mi corazón. Era joven y estaba llena de entusiasmo, llena de pasión por la música y con hambre de saber más acerca de la adoración. Pero cuando hablaba de la magnitud de mis metas para el ministerio, a menudo otros trataban de disuadirme diciendo que no querían que me sintiera decepcionada.

Durante años me pregunté por qué las personas sentían la necesidad de "empequeñecerme". Esa no es la forma en que Dios nos ve. En el Salmo 139:17 leemos:

"¡Cuán preciosos me son, oh Dios, tus pensamientos! ¡Cuán grande es la suma de ellos!" El versículo 18 continúa diciendo: "Si los enumero, se multiplican más que la arena; despierto, y aún estoy contigo".

Todos diferentes pero de igual valor

Durante mis viajes por el mundo, en vez de encontrar que las multitudes piensan más de sí mismas de lo que en realidad son, honestamente me he dado cuenta de que la mayoría de los cristianos piensan muy pobremente de sí mismos. Pero no se requiere mucho más que un cambio en el lenguaje para asegurarnos de que lo que estamos llevando a otros es el poder de la aceptación y el apoyo.

¡Nunca antes he visto una estrategia tan simple que tenga un impacto tan brillante!

Cada persona necesita saber que se valora y que tiene un valor inestimable.

Sin embargo, incluso cuando nos dicen que somos valiosos, a menudo es difícil darnos cuenta de que el deseo de Dios de bendecirnos siempre excederá nuestra habilidad para recibir. Recuerdo cuando mi pastor me pidió que dirigiera el departamento de adoración de nuestra iglesia. El Espíritu Santo escribió el Salmo 45 sobre la tela de mi ser durante tres días y noches enteros. Finalmente, nos fuimos con nuestra pequeña familia a la playa en unas mini vacaciones para hablar y orar acerca de las ramificaciones de nuestra decisión. Estaba simplemente abrumada. Pensamientos de temor y sentimientos de no ser la adecuada bombardeaban mi mente. ¡Y si fallaba y arrastraba conmigo a todo el departamento de adoración! Afortunadamente, Dios no me dejó allí. Mientras caminaba por la orilla de la playa una mañana temprano, sentí que me decía que podía escoger y que, adondequiera que fuera, me daría la sabiduría, a cada momento, y la gracia para cada día.

Seguía pensando en un versículo que había leído casi al final del Salmo 45: "En lugar de tus padres serán tus hijos, a quienes harás príncipes en toda la tierra" (v. 16).

En aquel momento no tenía sentido para mí. Pero ahora, a medida que los años han pasado y que mi corazón se ha vuelto más refinado y seguro con el mensaje de liberar a otros, bueno, ahora definitivamente tiene sentido. Dios ha revelado una y otra vez su corazón para la sucesión y la multiplicación, liberando a los hijos e hijas. De modo que este pasaje de la Escritura se refiere al tiempo en que la transición generacional tiene lugar de la manera correcta, liberando a los hijos a mayores alturas sobre las cuales reinar en la vida. ¡Absolutamente asombroso!

Dios creó al hombre y a la mujer para que fueran hijos e hijas, la humanidad, diferentes pero iguales, para que tuvieran dominio, hechos a su imagen. ¡Oh, qué gran idea! Y qué maravilloso es ver a los hijos e hijas reinar bien juntos.

Tengo amigos que trabajan incansablemente en toda la India, alimentando, enseñando y creyendo en una generación aparentemente olvidada. Qué privilegio es observar su estrategia con aquellas jóvenes mujeres a quienes se les ha negado el derecho a la educación (¡cambiemos esto!). Han utilizado la estrategia del ánimo para transformar una atmósfera de desesperanza en una de grandes posibilidades, una y otra vez. Llenan la atmósfera con alabanza y vida y con ánimo genuino y luego observan cómo Dios hace el milagro. Cuando reinan las posibilidades, la vida engendra más vida. ¡Un importante principio de Dios!

¡Usted puede hacerlo!

Puede que ahora mismo no sepa en quién derramar su vida, pero sugeriría que comience con el primero que Dios ponga en su camino, joven o viejo. ¿Qué podría ser más gratificante que descubrir el potencial de alguien y luego convertirse en aquel que le ayuda a desarrollarlo? Cuando sus palabras han hecho posible que alguien se levante de las cenizas y sepa que es amado, apreciado y que tiene un futuro digno de ser vivido… ¡ha logrado encabezar los titulares en el cielo!

Y hablando de noticias, en muchos lugares está ocurriendo un cambio en el lenguaje, de un lenguaje de negativismo preponderante, a una cultura de trabajo duro y de posibilidades, donde usted puede sentir una atmósfera de "¡Independientemente de lo que sea necesario, lo haremos!" Es un dicho que la Madre Teresa hizo famoso, quien fue reconocida por tomar cualquier cosa que tuviera a mano y transformarla en lo que requiriera la necesidad del momento.

Me gustaría llevar esa idea un poco más allá y ponerla en el marco de "liberar a otros", algo así: "Oiga,

Es difícil darnos cuenta de que el deseo de Dios de bendecirnos siempre excederá nuestra habilidad para recibir.

independientemente de lo que sea necesario, ¡usted puede hacerlo!" No para "pasar la pelota", sino porque ninguno de nosotros lo puede hacer todo. Necesitamos los dones, talentos y habilidades de cada uno para llevar a cabo la obra del Señor. Revestir de poder a otros es la clave aquí. Esta es la belleza del cuerpo: todos nosotros tenemos algo con qué contribuir; por tanto, necesitamos descubrir qué es y creer que podemos hacerlo. Luego, es nuestro trabajo encontrar lo que otros tienen y liberarlos para que vivan la vida para la que fueron creados, incluso si van mucho más allá de lo que nosotros mismos fuimos.

Cuando comienza a compartir su carga de trabajo y la responsabilidad y el crédito, está encendiendo un fuego muy en lo profundo de otros, dándoles la experiencia y ayudándolos a ejercitar aquello que tienen enterrado dentro. El ánimo es una fuerza poderosa y cuando se da con sinceridad y con frecuencia, la dinámica creativa durante toda una vida tiene la capacidad para ver algo aparentemente ordinario levantarse para convertirse el algo muy por encima de cualquier cosa que haya podido desearse o imaginarse. Los planes de Dios para nosotros son enormes y cuando caminamos en ellos, lo glorificamos.

El grupo Delirious escribió una canción: "Our God Reigns" [Nuestro Dios reina], que tiene una letra poderosa: "Él es un Padre al que le encanta exhibirte", me habla cada vez que la escucho.[1]

¡Imagine eso!

¡El Dios que creó los cielos y la tierra de hecho se goza exhibiendo a sus hijos, usted y yo!

El corazón de Dios siempre está pensando en nosotros y, no obstante, he visto demasiados cristianos que viven un sentido mutilado del valor propio. Todos nosotros tenemos nuestras "batallas mentales" con Satanás, el acusador de los hermanos, quien miente a nuestras mentes acerca de quiénes somos y de lo que podemos hacer. Sin embargo, cuando empezamos a estar de acuerdo con sus mentiras acerca de nosotros, nuestra pasión por la vida y por las posibilidades que esta nos ofrece mengua y corremos el riesgo de quedar paralizados en la amargura y el resentimiento. Con demasiada frecuencia, las personas que se sienten minimizadas, tenidas en poco o indignas, vivirán por debajo del potencial que Dios les ha dado, simplemente para encajar o ser aceptadas. Todos nosotros necesitamos ánimo.

Mi oración es que nosotros los líderes cultivemos un amor desinteresado, naturalmente bello y profundamente generoso.

Los sistemas de valores muy desviados de nuestro mundo pueden fácilmente atiborrarnos hasta la garganta de valores equivocados. Si usted no es rico, o reconocido…si no es lo suficientemente delgado, aceptado, o incluso lo suficientemente normal…si sus amigos no forman parte del grupo que tiene influencias, etc., entonces la persona valiente que usted sabe que es en el interior se siente tan inferior que parece ser más fácil permanecer pequeño que resistir la corriente de nuestra cultura. Y cuando aquellos que le rodean dicen: "Nunca servirás para nada; ¿quién te has creído que eres?"…Bueno, entonces usted tiene un obstáculo enorme que vencer. Pero oiga, ¡independientemente de lo que sea necesario, *usted* puede hacerlo!

Palabras para cobijar nuestros corazones

Las palabras transmiten vida.

Proverbios 15:4 afirma: "La lengua apacible es árbol de vida; mas la perversidad de ella es quebrantamiento de espíritu". Cuando el espíritu de alguien se quebranta por la crítica y el abuso, su energía emocional se agota y se requiere más energía para ver el potencial liberado. Pero cuando las palabras que salen de usted están llenas de apoyo, el árbol de vida produce un fruto precioso.

Personalmente, viví la mayor parte de mi infancia tan atormentada en mi interior con inseguridades que sus efectos provocaron que mi cuerpo se quebrantara. Me volví bulímica y la naturaleza de ese estilo de vida perturbó mi espíritu al punto que mi corazón, de naturaleza feliz, se sintió abrumado.

Crecí cantando, animada por una madre que pensaba que el sol brillaba en mí (¡todavía lo piensa, ese es el amor de una madre!), pero a pesar de todo ese apoyo, el enemigo todavía trataba de deshacer mi alma en pedazos. Aparte de mi propia familia, quienes hacían lo mejor que podían para consolarme, Dios usó a dos mujeres en mi iglesia local, Beth y Desley, que literalmente me acompañaron, me aceptaron, me animaron y me dieron la bienvenida en sus hogares y sucede que eran las líderes del departamento de música (¡qué amoroso es Dios que preparó ese plan!). Beth y Desley me amaron en medio de toda la carga que había en mi corazón tierno pero muy desviado.

Para siempre les estaré agradecida por amarme e inspirarme como lo hicieron, alentando mis sueños, animándome en mis dones y, lo que es aun más importante, mostrándome el camino a Dios.

Por supuesto, el enemigo de nuestras almas también reconoce nuestro potencial. Lo que veo en la Biblia es que los niños y adolescentes llenos con un potencial y un propósito que Dios ha diseñado para ellos siempre han sido blanco del enemigo, quien tiene el objetivo de truncar su propio destino antes de que puedan aprender por sí mismos que el nombre de Jesús es más grande que cualquier prueba. El Salmo 8 declara el poder que se libera de las bocas y los corazones de los niños que alaban, ya que ellos de hecho silencian al enemigo con su postura de fe.

Los problemas vienen cuando colocamos nuestra fe en el hombre y no en Dios. Hace ahora muchos años, uno de nuestros jóvenes líderes de adoración debía ir a dirigir un servicio pero no aparecía por ninguna parte. Sabía que había visto su auto así que me fui afuera a buscarlo. Con el presentimiento de que algo andaba mal, seguí mi instinto y, con toda seguridad, allí estaba, sentado en la alcantarilla a un lado del estacionamiento, simplemente mirando al cielo. Después de una corta conversación trivial, se abrió a mí y me confesó que simplemente no tenía lo que se necesitaba para ser un líder.

Durante esa época, unos pocos ministros bien conocidos alrededor del mundo habían hecho algunas elecciones equivocadas y, como un joven hombre de Dios, la fe en sí mismo había sido sacudida cuando sus mentores cayeron. Me sentí tan triste por él que deseaba recoger todas las piezas de su corazón quebrantado y volverlas a unir en ese instante. Era imposible. Pero lo que sí descubrí ese día fue el poder de las palabras de ánimo para ayudarlo a levantarse. Ahora es uno de los mejores líderes de adoración y escritores que conozco, generoso hasta el límite y con un corazón tan sensible hacia la humanidad caída que su vida es una gran inspiración para mí y para Mark y para muchos otros.

Las palabras de ánimo, alimentadas por la Palabra de Dios, transmiten vida. Son como una bebida fresca del agua más pura para el alma desesperadamente sedienta. Incluso el acto más pequeño de bondad puede traer esperanza a un corazón adolorido.

He visto palabras como: "¡Eso fue maravilloso! ¡Bien hecho!", producir una tranquila seguridad en el corazón de alguien que estaba inseguro acerca de si predicar, dirigir o tocar un instrumento. Cuando entrenamos a nuevos líderes de adoración, o si hay un líder que se está sintiendo particularmente vulnerable en un momento determinado, lo que hago simplemente es pararme en un lugar donde pueda verme con el rabillo del ojo, para sencillamente alentarlo asintiendo con la cabeza, o con una expresión de aprobación. Me gusta actuar como una discreta cobija de seguridad para aquellos que necesitan ánimo extra. Simplemente es una forma de encaminar a otros hacia el éxito.

Es muy importante ayudar a otros a ver que un error no produce una mancha en su carácter. Creo mucho en ir más allá de los errores y ayudar a aquellos a quienes estamos liderando para que vean que esas son oportunidades para aprender. Necesitamos avanzar juntos hacia delante.

El líder que ponga en tela de juicio el carácter de alguien debido a un simple e inocente error es alguien muy inseguro y manipulador.

A través de los años, he visto cientos de hombres y mujeres irse de las iglesias o del ministerio porque los errores no se trataron con compasión y no se confrontaron con amor. En vez de esto, nunca más dirigieron la palabra ni usaron a las personas sentadas en el banquillo de los acusados o las amonestaron públicamente solo para que se perdieran en un mar de humillación. Mucho de lo que hacemos en el ministerio de la música tiene lugar en la arena pública, así que hay menos espacios para las equivocaciones y ciertamente no hay lugar para esconderse cuando se comete un error.

Recordemos que todo el mundo falla, nosotros simplemente fallamos de manera diferente. Y todo el mundo necesita ánimo, pero este es esencial para aquellos que se encuentran en las primeras etapas de desarrollo y para aquellos que han cometido un error y que ahora se sienten frágiles desde el punto de vista emocional.

Personalmente he cometido mi porción de errores mientras dirijo la adoración, hablo o simplemente llevo a cabo mi vida diaria. Es entonces cuando nos hace falta el sentido del humor; este detiene el dolor. Todos necesitamos cultivar la habilidad de reírnos de nosotros mismos y tratarnos con bondad cuando hemos cometido un error inocente. La bondad es contagiosa, así como la generosidad. Aviva la grandeza en el reino espiritual y transforma tanto al que la da como al que la recibe.

Hace poco estaba admirando la guitarra costosa de un joven músico y noté que la trataba como a un bebé recién nacido. Le comenté: "Tienes que haber trabajado duro y haber ahorrado bastante para obtenerla". Con lágrimas en los ojos, me explicó que uno de los miembros del equipo le había dado la guitarra para animar su deseo de tocar y escribir canciones. Fue un acto costoso de generosidad y ánimo que dejará un legado eterno.

Yo también he experimentado esa clase de generosidad y ánimo. Hace algunos años una querida amiga estaba orando con el propósito de conocer la voluntad de Dios para su vida cuando recibió una instrucción del cielo. Llamó para decir que tenía un regalo para mí y ¡deseaba que lo recibiera tan pronto como fuera posible! Yo estaba intrigada y emocionada. No obstante, me quedé absolutamente asombrada cuando dijo que necesitaba darme su piano de cola. Lo que ella no sabía era que yo había estado orando por un piano con el objetivo de usarlo para crear música y adorar al Señor.

(No había pedido uno de cola y todavía me siento muy honrada por su acto de generosidad).

No esperaba un regalo tan extravagante, pero oh, el ánimo que recibí ese día...todavía hace que mi corazón sonría.

El líder que ponga en tela de juicio el carácter de alguien debido a un simple e inocente error es alguien muy inseguro y manipulador.

Ese piano se encuentra en el centro de nuestra sala de estar. Está en el corazón de nuestra casa y cada vez que lo veo, lo toco o escucho a mis hijas tocarlo, me siento inspirada para alabar al Dios de los cielos y de la tierra por escuchar mis oraciones y por escuchar las oraciones de mi amiga. Ambas fuimos bendecidas y honradas por el resultado. Se da cuenta, el ánimo es activo, no pasivo, e ilumina grandemente tanto al que lo da como al que lo recibe.

Me gusta la forma en que 1 Corintios 8:1 lo dice: "El conocimiento envanece, pero el amor edifica".

Un corazón para las personas

Uno de los líderes más animosos que he conocido es el pastor Tommy Barnett de la Primera Iglesia Asamblea de Dios en Phoenix. Es un pastor de iglesia, fundador de iglesias y fundador del Centro de los Sueños. Su iglesia se conoce como "La iglesia con un corazón" y su reputación está bien ganada. El pastor Tommy a menudo dice: "Encuentre una necesidad y satisfágala; encuentre una herida y sánela". Personalmente me ha animado muchas veces, y cuando Mark y yo por primera vez nos enrolamos en una nueva temporada juntos en el ministerio como pastores principales de la Iglesia Hope Unlimited en la costa norte de Sydney, fue su ánimo lo que nos dio las fuerzas para volar.

He escuchado a Joyce Meyer decir que, aparte de su esposo, la otra persona que le encantaría llevar en todos sus viajes es el pastor Tommy, debido a su habilidad para animar. Él ha asistido a muchas reuniones en las que he dirigido la adoración y cuando han terminado, se me ha acercado para derramar palabras vivas sobre mi vida. ¡Cuando él está cerca, uno siente que puede hacer cualquier cosa! Y lo asombroso es que vive de esa forma cada día…con cada persona que se encuentra: sus hijos, su equipo, aquellos a quienes lidera personalmente y aquellos a los cuales sirve de mentor. El pastor Tommy no se guarda las palabras de ánimo para el domingo, o para aquellos que podrían hacerle favores. No, la vida de este hombre es el ánimo personificado. En cierta ocasión le hice algunas preguntas acerca de cómo levantar a la nueva generación y aquí transcribo ese diálogo:

¿Cuál diría que fue su mayor gozo en el ministerio?
¡Ver a mis hijos servir a Dios y que los tres trabajen conmigo en el ministerio!

¿Cuál es su mayor frustración al entrenar jóvenes ministros?
¡Ver que lo quieren todo ahora! Lo que no les permite disfrutar el "viaje".

¿Qué es aquello que usted quisiera que un pastor/líder joven llevara en su futuro en el servicio a Dios?
Saber que vivir una vida justa es la prioridad número uno, porque la justicia y la provisión para la misión van de la mano:
"Buscad primeramente el reino de Dios y su justicia, y todas estas cosas os serán añadidas".

En su opinión, ¿cuál es el mayor obstáculo que impide que los hombres y mujeres jóvenes continúen en el ministerio?
¡El desánimo! ¡Y que desisten demasiado rápido!

Con sus propios hijos, ¿cuál ha sido el valor más importante que les ha mostrado acerca de servir a Dios y todo lo que eso significa?
Mantener los ojos en Dios y luego en la visión que Dios les ha dado para sus vidas. Los hombres, en el mejor de los casos, son solo hombres. ¡¡¡Pero Dios nunca falla!!!

Gracias, Pastor Tommy.

Cuando usted carece de personas que le digan palabras de ánimo, necesita saber cómo animarse a sí mismo a través de la Palabra de Dios. No espere que otra persona le levante el ánimo. Aun si está pasando por una temporada difícil o estéril, cobre ánimo. Aprópiese de palabras de vida dondequiera que esté de modo que, aunque no tenga ganas de alegrarse, no pueda evitarlo.

Cuando una querida amiga perdió a su primer hijo se rodeó de promesas de la Escritura y tocó música de adoración ¡tan alto que los vecinos casi se mudan! No tenía deseos de leer palabras de vida, pero lo hizo de todas formas. Todos nosotros fuimos testigos del cuidado amoroso del Buen Pastor hacia el corazón de esta gran mujer...y ella ha emergido con gracia y dignidad, tal como la Biblia declara.

El ánimo: la cura para el ocio

Durante uno de los primeros viajes de mi esposo a África del Este, Mark conoció a muchos pastores y líderes de diferentes denominaciones y a muchos de los representantes del gobierno local. Hablaron sobre algunas formas en las que nosotros los del mundo occidental podíamos beneficiar a su tierra y de qué manera podíamos servir mejor a su gente. Las ideas para la ayuda, tanto a corto como a largo plazo, fueron excelentes. Mark fue en busca de las bases, con el objetivo de sostener conversaciones importantes para saber cómo extender los recursos disponibles para lograr el mayor impacto posible.

Sin embargo, la única pregunta para la que no estaba preparado la hizo un líder de jóvenes.

"¿Puede enseñarnos a pensar?"

Mark se quedó en una pieza. Este joven ministro prosiguió explicando que, incluso si millones de dólares se volcaban sobre su tierra ese mismo día, no tenían el procedimiento correcto, la energía y la sabiduría creativa necesaria para hacer un buen uso de ese tipo de regalo. La creatividad no se fomentaba ni estaba presente entre los jóvenes que se convertirían en los líderes del mañana. De hecho, lo que descubrimos en muchas de estas naciones en desarrollo es algo que se conoce como *ocio*, una epidemia más grande que el VIH/SIDA o la malaria.

Es fácil ver cómo las personas caen en un estado de ocio.

La tasa de desempleo es alta, hay falta de educación y oportunidades, no hay nadie que anime sus sueños y no hay fondos para sustentar ninguna ambición. Simplemente, no hay un lugar adonde ir ni nada que hacer. *Ocio* significa que uno no sueña, porque no quiere decepcionarse.

Las personas alrededor del mundo están viviendo en varias clases de guerras, en pobreza, enfermedades, hambre y miseria. El hecho de que todavía se levanten en la mañana me parece un milagro. Ahhh, pero tal es la resistencia del espíritu humano. Porque cuando Dios nos hizo, creó una obra de arte única en su tipo con una voluntad de vivir y un propósito que cumplir. Con tan solo un poco de ánimo, cualquiera puede cambiar. Algunas de las grandes iniciativas que se están implementando en el mundo desarrollado son ingeniosas. Los jóvenes en realidad no quieren regalos; quieren algo que les dé dignidad y esto comienza con el ánimo.

Todo el mundo, ya sea joven o viejo, rico o pobre, negro o blanco, necesita ánimo. Si en este momento usted está bajo la influencia de un mentor, por favor anime a aquellos que lo están guiando. Cuando me sentía agotada, algún miembro del equipo a menudo solía escribirme una nota, venía a acompañarme, o a traerme algo de comer para hacerme saber que me amaba y apreciaba, expresiones de ánimo que me mantuvieron firme cuando tenía deseos de salir corriendo.

Una palabra de ánimo suya puede ser el combustible que alguien necesita desesperadamente para terminar la carrera. Job 4:4 dice: "Al que tropezaba enderezaban tus palabras, y esforzabas las rodillas que decaían". Con ánimo se derriban los poderes de Satanás y podemos vivir la vida con propósito que Dios desea que vivamos.

"CUANDO ALGUIEN
LO ANIMA,
LO ESTÁ AYUDANDO A CRUZAR
UN **UMBRAL**
QUE DE OTRA MANERA
NUNCA HABRÍA CRUZADO
**POR SÍ
SOLO".** [2]

John O'Donohue

VALOR TRES:
SUEÑOS Y VISIONES 20/20

Y Jehová me respondió, y dijo: "Escribe la visión, y declárala en tablas, para que corra el que leyere en ella. Aunque la visión tardará aún por un tiempo, mas se apresura hacia el fin, y no mentirá; aunque tardare, espéralo, porque sin duda vendrá, no tardará".

—Habacuc 2:2–3

Alguien preguntó al anciano misionero médico Albert Schweitzer: "¿Cómo está, Dr. Schweitzer?" Con todo el entusiasmo de un hombre joven, respondió: "La vista de mis ojos se oscurece, pero mi visión está más clara que nunca".

Estoy agradecida por haber formado parte siempre de una iglesia llena de visión, visión que día a día se aclara más. Incluso en mi primera iglesia, donde fui salva a los quince años, siempre estaba ocurriendo algo para ayudar a edificar las vidas de otros.

Durante nuestro tiempo en Hillsong, mi familia y yo hemos tenido el privilegio de estar bajo una cobertura espiritual que no teme a los sueños del tamaño de Dios. Y a medida que nos hemos encaminado bajo el liderazgo del pastor Brian Houston durante todos estos años, siempre ha dicho que tendremos mucha más visión que dinero…¡la brecha de Dios siempre esta allí! ¡Y eso es algo bueno! La brecha de Dios nos mantiene dependientes de su habilidad para solucionar imposibles mientras trabajamos duro solucionando lo posible. Lo más grande en involucrarse en un sueño del tamaño de Dios es que llegamos a compartir con Dios el trabajo de edificar las vidas de otras personas.

Expanda su visión

No mucho después de dar a luz a nuestra tercera hija, Zoe Jewel, estaba en la cocina con la bebé en brazos y mirando a las otras dos pequeñas jugando afuera, cuando me volví a mi esposo y le dije con un aire de felicidad: "Siento que estoy viviendo mi sueño". Enseguida Mark respondió con mucho amor: "Bueno, ¡es hora de comenzar a soñar cosas más grandes!"

Estupefacta, tuve que respirar profundo y dejar que sus palabras me golpearan antes de darme cuenta de lo que quería decir: si deja de soñar, usted se volverá complaciente y la complacencia nunca cambia el mundo.

El día que nos casamos, Mark y yo hicimos el compromiso de servir y honrar a Dios con *todo* lo que tenemos y *todo* lo que somos. Instintivamente, ambos sabíamos que toda visión requeriría inspiración, transpiración y pasión. Con el propósito de encontrar energía y pasión para dar a luz a lo que hay en mi corazón, solo tengo que reflexionar en el Calvario y en todo lo que Jesús ha hecho por nosotros. Esta visión me hace querer exprimir hasta la última gota de cada oportunidad que tenemos para hablar de Cristo y para usar todos nuestros dones y talentos para darlo a conocer a las generaciones futuras y a los grupos en el mundo que todavía no conocen su amor.

Siempre tendremos mucha más visión que dinero...¡la brecha de Dios siempre esta allí!

En Mateo 28:19, Jesús compartió su visión con aquellos de nosotros que creen en Él: "Id y haced discípulos a todas las naciones". Esto se aplica de manera diferente para cada uno de nosotros, pero Hechos 17:28 nos dice cómo será posible: "En él vivimos, y nos movemos, y somos". Dios mismo está allí para darnos a conocer su corazón, para amarnos y para hacer realidad los sueños y las visiones que Él ha puesto en nuestros corazones. Pero si nosotros sin darnos cuenta predicamos un cristianismo moderno mediocre, o no logramos que otros se den cuenta del costo, o comunicamos un mensaje de conveniencia cuando hablamos de Cristo, caemos en la trampa de hacer una elección de un estilo de vida en vez de la elección de entregar nuestras propias vidas para seguirlo a Él.

Cuando le dije que sí a Jesús, dije que sí a todo lo que significa seguirlo a Él. Dije que sí a alguien por quien iba a vivir y por quien iba a morir, a un mensaje de gracia abundante, de gran renuncia, de perdón y sanidad, y de una de las clases de amor más grandes que hayan existido.

La *visión* se produjo a partir de la revelación de ser amada. Su amor por mí abrió los ojos de mi corazón y encontré la esperanza y la libertad para confiar en Dios para todo. Con su visión acerca de mí vino el regalo de la confianza que nunca pude imaginar que tendría antes de encontrar a Jesús.

De modo que para aquellos de ustedes cuya llama de entusiasmo sobre el futuro está apagada, ya sean jóvenes o viejos, en transición o no, es hora de empezar a soñar cosas más grandes y pedir a Dios que ponga sueños en su corazón que sean dignos de su gran amor por usted. Es hora de hablar acerca de que las cosas imposibles se hagan realidad y quitar los tapaojos de los ojos de su corazón para que pueda cobrar valentía gracias a la visión.

Siempre me ha encantado este pasaje acerca de la fe: "Es, pues, la fe la certeza de lo que se espera, la convicción de lo que no se ve" (Hebreos 11:1).

Usted no puede ver la fe, pero puede hacer que su vida dependa de ella. Es evidente a pesar de que no la puede ver.

La visión tiene atributos similares, es por eso que Habacuc nos dice que la escribamos y la declaremos, de modo que aquellos que la vean puedan correr con ella.

A medida que Mark y yo hemos corrido nuestra carrera, nos hemos dedicado no solo a hablar de lo que vemos en nuestro futuro sino también a escribirlo, leerlo y guiar nuestros pasos a partir de ello. Esta disciplina nos permite rendir cuentas, especialmente cuando la vida nos sorprende y los tiempos se han vuelto difíciles. Es durante esos tiempos que la visión escrita brilla como una antorcha, recordándonos las posibilidades que se encuentran delante de nosotros. Como líderes, también tenemos la responsabilidad de enseñar a otros cómo encontrar sus sueños y seguirlos.

Párese en la brecha de Dios

Hace muchos años le pregunté a nuestro equipo: "¿Que harían con sus vidas si no hubiera límites, ni barreras financieras, si no hubiera nada que los detuviera en el camino?"

Las respuestas fueron interesantes y me resultó obvio que algunos en el equipo habían pensado bastante en eso. No obstante, la mayoría se había enfocado en resultados perfectamente viables. Sus respuestas podían lograrse fácilmente con una planificación correcta, un poco de tenacidad y algo de buen sentido para los negocios. Me fui esa noche a casa con una gran carga de oración: "Dios, ¿cómo podemos lograr que las personas tengan sueños más grandes, que sus sueños rompan la medida, que de veras anhelen y luchen por alcanzar algunos de los sueños que has puesto en sus corazones?"

Me he dado cuenta de que la mayoría de las personas no comprenden la "brecha de Dios". Piensan que el resultado se deberá a su propia habilidad y que los sueños y las visiones inalcanzadas serán un mal reflejo para su fe o su reputación. Y también he comprendido que algunas personas luchan con la falta de confianza, o con el temor de lo que otros pensarán, o el temor al fracaso. Se comparan con otros y se consideran inferiores... así que se niegan a correr riesgos.

Pero como líder en el momento actual y como alguien que todavía está descubriendo lo que hay en su corazón, le animo a que sea valiente y escriba algunos de sus propios sueños y pasiones que nunca ha mencionado, sin importar cuán imposibles puedan parecer. No mire los fracasos o los errores del pasado, en vez de esto confíe en Dios para que le dé una visión del *ahora*. Como dijo alguna vez la Madre Teresa: "El ayer se fue. El mañana no llega aún. Solo tenemos el hoy. Comencemos".

Es difícil encontrar su visión espiritual cuando usted está emocionalmente agotado, abatido o cansado físicamente. De modo que asegúrese de descansar lo suficiente, alimente su alma y fortalezca su ser interior.

En mi caso, eso significa sentarme al piano y adorar al Señor, o abrir mi Biblia y simplemente meditar en la Palabra. Puede que usted prefiera simplemente caminar y hablar con Dios, o encontrar un lugar tranquilo y tomar su diario para volcar sus sentimientos en el papel.

¡Mire hacia arriba! ¡Hay más visión en usted de lo que cree!

Una de las cosas más difíciles de encontrar es el tiempo: tiempo para escuchar, tiempo para pensar y considerar las inquietudes en su corazón. A pesar de lo ocupada que pueda ser la vida, tome tiempo, tan precioso como es, para alimentar su alma y simplemente escuchar la voz de Dios hablando a su ser interior.

Billy Graham nos dio un ejemplo maravilloso. Muy temprano en la vida escribió la declaración de su visión: "Mi único propósito en la vida es ayudar a las personas a establecer una relación con Dios, lo que creo que se produce a través del conocimiento de Jesucristo". Esa declaración gobernó sus decisiones, sus estudios y sus prioridades a lo largo de toda su vida.

Viva el sueño de su vida

No tiene que preocuparse por equivocarse o por no alcanzar el objetivo. Anímese con las palabras de este pasaje de Proverbios 16:9: "El corazón del hombre piensa su camino; mas Jehová endereza sus pasos". ¿Escuchó eso? Dios lo conducirá en la dirección correcta.

Tal vez ha tomado rumbos equivocados en el pasado. Bien, cuando usted llena su mente y su corazón con una nueva visión, no le queda tiempo para lamentos. Filipenses 3:13 afirma que la manera es "olvidando ciertamente lo que queda atrás, y extendiéndome a lo que está delante". Dejemos a un lado esos pensamientos históricos. No permita que los dolores, las decepciones y los lamentos por el pasado inmovilicen su presente o definan su futuro.

Aprenda a perdonar.

Usted puede tener una visión increíble, pero si su corazón se encuentra paralizado por la falta de perdón, no es libre para ir en busca de ella. Si es un líder que está sobrecargado con la desilusión, su círculo de influencia sufrirá las consecuencias. Así que haga lo que sea necesario para romper con las cosas que lo están inquietando. Pida perdón, busque un buen consejo o encuéntrese a solas con su Padre celestial y pídale que sane el quebranto de su corazón. Dios es fiel. Cuando su corazón está descubierto, sus sueños y visiones saldrán a la luz.

Es emocionante ver cómo aquellas cosas que empiezan como un simple pensamiento, un pensamiento momentáneo y fugaz, empiezan a cobrar vida. Así es como nacen casi siempre las canciones. Tengo ideas para hacer canciones, melodías, sonidos, acordes y rimas, todas flotando en mi corazón y en mi cabeza, un lugar atemorizante para vivir a veces, con un pie en el cielo y el otro en la tierra, sin ningún provecho para nadie. ¡Ahhh!

Así es.

Pero horas o semanas o meses más tarde, estaré cantando esa canción en una congregación y, aún más asombroso, las personas estarán cantando conmigo. Creo en el poder de traer a primera plana lo que está en el corazón. Y esto no se traslada desde su corazón hacia sus manos por el solo hecho de desearlo. Tiene lugar al aferrarse a ello, trabajando con diligencia, escuchando y aprendiendo, y viviendo con la convicción de que el Espíritu de Dios se encuentra sobre mi vida con un propósito. Dios siempre está multiplicando y aumentando nuestros sueños y el propósito se puede ver con más claridad a medida que usted y yo continuamos en el proceso.

Por ejemplo, la aventura en que Mark y yo y nuestra familia nos encontramos actualmente en Hope Unlimited Church comenzó como un tierno pensamiento que se nos ocurrió que tal vez podríamos llevar a la práctica otra vez: involucrarnos en una comunidad floreciente que estuviera desesperada por contar con una

familia en la iglesia; y así comenzamos a alimentar ese pensamiento en oración. Además,
comenzamos a sostener conversaciones saludables con buenos amigos acerca de las posibilidades e incluso fuimos a espiar la tierra y
mientras más hablaba Mark sobre ella, más se
aclaraba la visión. A medida que pasó el tiempo,
el camino delante de nosotros se hizo cada vez
más visible, hasta que la visión se ha hecho ahora
tan clara que nuestros corazones han encontrado la
suficiente valentía para adentrarnos en lo que creemos
que es el plan de Dios para este momento de nuestras vidas.

Cuando su corazón está descubierto, sus sueños y visiones saldrán a la luz.

Pero sin el sueño y sin el proceso que seguimos para aclarar la
visión, dudo que nos hubiéramos atrevido a dar los primeros pasos
hacia esta nueva tierra.

Líderes, ¡vivan el sueño de sus vidas! Es muy inspirador estar
rodeado de soñadores que son capaces de comunicar lo que hay
en sus corazones. ¡Y permita que sus discípulos sueñen también!

¡No tenga miedo! Dios no está limitado. Tiene algo para usted
que se adaptará perfectamente a sus sueños, talentos y llamado. A
medida que abrace su visión con pasión por Dios y confianza en su
habilidad para hacer lo imposible, aquellos a quienes tiene el privilegio de guiar también la abrazarán. Escríbala, hable sobre ella,
ánclela en su corazón, permita que aquellos que corren con usted
también la hagan suya. Dios se complace en ver los sueños que
trascienden de una generación a otra.

El rey David ponía a Dios en el centro de todo lo que hacía.
Tuvo la visión de construir un templo que glorificara a Dios, un
templo que fuera mucho más grandioso que su propio palacio.
Reunió los materiales para construir el templo y luego le permitió a Salomón que completara su sueño. ¡Los grandes soñadores producen constructores de sueños!

Siempre hemos animado a nuestros hijos a que sueñen en
grande. ¡Y lo hacen! Nuestra hija del medio, Chloe, está estudiando arquitectura. Tiene una concentración increíble y sueña
con diseñar y construir casas modernas y sostenibles en los

¡Los grandes soñadores producen constructores de sueños! países en desarrollo. Es una chica muy asombrosa y Mark y yo nos maravillamos al ver la manera en que desarrolla una idea en su mente y luego piensa, sueña y dedica tiempo para que sus pensamientos tomen forma y, no mucho tiempo después, toma lápiz y papel y dibuja la visión que vio con los ojos de su corazón. A medida que comienza a llevar a cabo la visión, ésta adquiere dimensión y significado especial hasta que por fin se convierte en realidad.

¿Qué podría usted ver en su vida si no existieran límites? No tenga miedo de soñar más allá de sus capacidades. ¡Quién dice que no puede hacer todo lo que desea hacer en su corazón! Recuerde, nosotros hacemos lo posible y Dios hace lo imposible. Si es un sueño del tamaño de Dios, Él hará su parte...la brecha de Dios siempre está presente. Pero sus caminos no son nuestros caminos y Él no actúa según los estándares y las economías del mundo. Su corazón está *a favor* suyo. . . pero usted tiene que dar el primer paso. Tome la decisión de vivir con propósito y haga lo siguiente que Dios ponga en su corazón. La inactividad es el ladrón de nuestra época, pero la actividad sin propósito también es un ladrón, de modo que agárrese de la visión que Dios tiene para usted. Escríbala, declárela...sueñe en grande...¡enloquezca!

"DARÍA TODAS LAS RIQUEZAS DEL MUNDO Y TODAS LAS **ACCIONES** DE TODOS LOS **HÉROES** A CAMBIO DE **UNA VISIÓN VERDADERA".**[1]

Henry David Thoreau

VALOR **CUATRO:**
ENERGÍA

Por tanto, amados míos, como siempre habéis obe-
decido, no como en mi presencia solamente, sino
mucho más ahora en mi ausencia, ocupaos en
vuestra salvación con temor y temblor

—Filipenses 2:12

Cierto día oscuro y nublado de 1752, Benjamín Franklin decidió volar una cometa y probar al mundo que los relámpagos, a los que él llamaba fuego líquido, podían canalizarse y controlarse para producir electricidad. Con la ayuda de su hijo, William, Ben ató una llave al final de la cuerda de seda que sostenía su cometa y luego echó la cometa a volar, enviándola directamente hacia una nube de lluvia. Cuando el relámpago golpeó la cometa, su energía viajó a través de la cuerda y llegó hasta la llave, produciendo chispas que hicieron que Ben sintiera la electricidad en los nudillos. De repente se dio cuenta de que la energía de los relámpagos no solo producía electricidad sino que también pasaba de un cuerpo a otro. El descubrimiento del gran inventor cambió para siempre la forma en que el mundo recibiría la electricidad, la comunicación y las conexiones.

Puede que encuentre raro referirse a la energía como un valor; sin embargo, así como los relámpagos, es una de esas cosas "indefinibles" que todos necesitamos para proporcionar luz, comunicación y conectarnos con otros.

Somos las llaves que transmiten vida a los corazones paralizados. También llevamos la energía y el poder del Espíritu Santo. Juan 10:10 afirma que debemos tener vida "en abundancia (hasta que se llene y se desborde)".

¡Eso me suena a energía!

En el liderazgo, la energía es uno de los ingredientes esenciales que se necesita para traer sentido de *nuevo* a lo que estemos haciendo. Es la energía lo que produce emoción en otros.

Usted puede alimentar o matar de hambre sus niveles de energía, en dependencia de lo que escuche, lo que lea, las conversaciones que sostenga, las compañías que tenga y los pensamientos que decida alimentar. Sí, todo puede afectar sus niveles de energía y me he dado cuenta de que guiar a otros demanda y consume una gran cantidad de energía.

Los israelitas, quienes ya habían pasado mucho tiempo en el desierto, tenían que recoger *diariamente* el maná fresco, comida del cielo para sostener sus vidas. ¡No existía tal cosa como las sobras del cielo! Y su historia revela un principio divino aplicable a nosotros. Necesitamos que Dios nos dé energía y nos impulse cada día. Necesitamos que sus respuestas y su provisión nos inspiren a diario. Logramos esto al leer la Palabra de Dios, y me refiero a realmente leerla y recibir su poder en nuestras vidas. Entonces su Palabra se convierte en el "fuego líquido" fluyendo en nosotros que enciende el deseo de adorarlo, elevando nuestras voces, nuestras oraciones y nuestras alabanzas a Él. Y es su poder fluyendo a través de nosotros lo que, en última instancia, nos llena a medida que servimos.

Energía para el viaje

Me he dado cuenta de que guiar a otros, demanda y consume una gran cantidad de energía.

Una de las cosas que da energía a mi esposo, Mark, es coleccionar y leer libros viejos y raros que narran la vida de grandes hombres y mujeres que vivieron antes que nosotros. Estos libros están llenos de historias milagrosas que demuestran la fidelidad inalterable de Dios. Nos cuentan acerca de épocas de avivamientos increíbles, al narrar historia tras historia de cómo Dios vino a un pueblo y trajo salvación y reforma social.

Yo también tengo un apetito insaciable por dichos libros. ¡Las historias lo dejan a uno boquiabierto y la inspiración nunca termina! A menudo, en la contraportada de estos libros hay una nota de ánimo que algún discípulo escribió para otro en su viaje de fe.

Uno de los libros, titulado *Men of Fire* [Hombres de Fuego], escrito por Walter Russell Bowie (1961), dice justo al principio: "A los hombres del Seminario de Virginia, quienes a través de muchas generaciones han transmitido el fuego del evangelio". Estas palabras me intrigaron y me hicieron dedicar algún tiempo a investigar acerca de la vida de este autor. Quería descubrir algo acerca de su experiencia de salvación y de su pasión por Cristo, para aprender acerca del fuego de Dios en él y cómo éste hizo posible que viviera una vida que marcara tal diferencia.

Descubrí a un hombre que tenía energía para las relaciones, el estudio, el matrimonio y para llevar el evangelio a tantas personas como le fuera posible durante su vida. Su biografía revela que fue un sacerdote, autor, educador, escritor de himnos y conferencista de la Iglesia Episcopal.

Bowie fue ordenado como sacerdote en 1909, sirviendo en tres iglesias episcopales y en dos seminarios teológicos. Sirvió como capellán de la Cruz Roja en la Base Hospitalaria 45 en Francia durante la Primera Guerra Mundial. Además fue grandemente reconocido por defender a los pobres y por marcar la diferencia en el Evangelio Social, el cual ganó gran relevancia gracias a su vida de fe y obras. En el libro escribe acerca del fuego de la convicción, el fuego del Espíritu Santo, esta fuerza de vida implacable que obraba en él, produciendo una energía que no podía explicarse.

Me encanta que escribiera un libro que conmovió su propio espíritu y el espíritu de muchos otros, incluyendo el mío, con numerosas historias de hombres que tuvieron una experiencia de conversión innegable. Uno de los grandes subproductos de esta experiencia de "vida nueva" era la energía para el viaje. Una y otra vez cuenta la historia de que cuando alguien tiene no solo visión y concentración sino también el fuego del Espíritu Santo vivo, la energía está presente.

Isaías 40:31 nos dice cómo encontrar energía para el viaje: "Pero los que esperan a Jehová tendrán nuevas fuerzas; levantarán alas como las águilas; correrán, y no se cansarán; caminarán, y no se fatigarán".

Usted es el pararrayos de Dios

¡Y hablando de poner su esperanza en el Señor! En cierta ocasión tuvimos el privilegio de celebrar una conferencia de adoración en Toulon, Francia, donde fuimos recibidos por un asombroso grupo de monjas y voluntarios de Europa. Estas mujeres fueron generosas en extremo, nos sirvieron con tanta humildad que le pido a Dios que ese recuerdo siempre siga impactando mi vida. Muchas de las personas presentes aquel día estaban tan entusiasmadas en su fe que deseaban seguir hablando con nosotros acerca del fuego por las cosas de Dios que ardía en sus entrañas. Tenían hambre por más de lo que solo Dios les podía ofrecer, devotos seguidores de Cristo que habían abandonado sus trabajos y estaban viviendo por fe para viajar adondequiera que pudieran hablar de su fe y esperanza en el Señor. Escuché la palabra *salvación* una y otra vez a medida que hombres y mujeres jóvenes me mostraban a mí y al equipo lo que había en sus corazones, con un ardiente deseo de que Dios se manifestara en sus ciudades.

¡Oh, solo quiero levantarme y declarar a las naciones la canción de Chris Tomlin "Dios de esta ciudad"[1]. ¡Así sea!

Por supuesto, el fuego al que me estoy refiriendo es el término que muchas generaciones han empleado para referirse al Espíritu Santo. Al leer acerca de los santos de la antigüedad y escuchar los testimonios de los santos de la actualidad, e incluso al hablar sobre nuestra propia experiencia personal, hay un poder a nuestro alcance por medio de la tercera persona de la Trinidad, el Espíritu Santo, que no puede explicarse, sin importar cuanto lo intentemos.

En Hechos 1:8, la Palabra claramente explica: "Recibiréis poder, cuando haya venido sobre vosotros el Espíritu Santo, y me seréis testigos. . . hasta lo último de la tierra". Una vez más, vemos que la energía y la vida para ver su voluntad hecha en la tierra a través de nosotros son muy real y muy alcanzable.

Romanos 15:13 afirma: "Y el Dios de esperanza os llene de todo gozo y paz en el creer, para que abundéis en esperanza por el poder del Espíritu Santo".

Aquí tenemos una muy buena noticia: "No con ejército, ni con fuerza, sino con mi Espíritu. . . ." Lo que ese pasaje de Zacarías 4:6 significa para usted y para sus discípulos es que usted no tiene que ser un extrovertido o tener una personalidad sanguínea para guiar o ser guiado con energía. Usted es el pararrayos que transporta la energía que crea la esperanza por medio del Espíritu de Dios. Y cuando la roca firme de todo por lo que usted está viviendo es Cristo y su Reino, no hay otra fuerza como esa para sostenerlo en la vida.

Una de mis amigas más queridas que había estado lidiando con la depresión se daba cuenta de que no tenía energía para nada, lo que era muy raro en ella. Cuando conversamos acerca del hecho de que todos sus hijos habían crecido y se habían ido de la casa, llegamos a la raíz del asunto. La vida había cambiado para ella y ya nunca más sería como una vez fue con los pequeños corriendo entre sus pies, considerándola a ella su superhéroe.

Es duro dejar ir algo.

De todas formas, le hice algunas preguntas para descubrir lo que había en su corazón: "¿Qué estarías haciendo si pudieras hacer absolutamente todo lo que quisieras? ¿Qué te encantaría hacer? ¿Cuál es tu pasión o tu don más anhelado?" Al principio hubo un silencio de piedra. Luego se echó a llorar, lloraba y lloraba porque se daba cuenta de que ahora, al no necesitarla sus hijos cada día, sentía que no tenía mucho con que contribuir a la iglesia o a la sociedad. Y

Mientras estuviera enfocada en sí misma, nunca tendría la energía para levantarse y ayudar a otros.

ese sentimiento de inutilidad había abierto la puerta a la depresión que la mantenía presa en sus garras. ¡Pero mi amiga es una campeona! ¡Una triunfadora! Y un día por fin tuvo una revelación del Señor diciéndole que mientras estuviera enfocada en sí misma, nunca tendría la energía para levantarse y ayudar a otros.

Luego de reflexionar sobre las cosas que antes le causaban alegría, determinó que su pasión era ayudar, servir y acoger a otras familias. Así que poco a poco hizo su parte, buscó necesidades que pudiera cubrir en su localidad y ¡vaya! ¡Esta mujer realmente ha revivido!

¡Eso sí que da energía!

Siembre energía, coseche energía

Hace algunos años, durante una de las reuniones de la directiva de nuestra iglesia, el pastor Jonathan Wilson, quien ahora pastorea la Iglesia Newport en California, habló acerca de la energía y dijo: "Si desea cosechar energía, tiene que sembrarla".

¡Simple pero profundo a la vez!

Y ese principio funciona en cada aspecto de la vida, especialmente en el físico. Después de mi cumpleaños número cuarenta, tenía que incrementar seriamente mi rutina de ejercicios y empezar a correr para mantener mis niveles de energía naturales.

Cosechamos lo que sembramos.

De la misma forma, mientras más envejezco y mientras más participo en servicios y reuniones de la iglesia y de más reuniones, más necesito estar fundada en la Palabra, abrazada al modelo y a la enseñanza de Dios. No solo se trata de escuchar más mensajes, sino de profundizar en la Palabra por mí misma y permitir que mi hambre por su presencia sea evidente y obre en mi vida a medida que su Espíritu me sostiene e inspira.

Si se está preguntando cómo va a encontrar en usted la fuerza para levantarse otra vez, para tener otra vez la energía que siente que le falta y que necesita para el tiempo que está por venir, ¡entonces es hora de comenzar a sembrar energía!

La mayor parte de la vida es tan similar y rutinaria que podemos sentir que nos hemos quedado empantanados en esa monotonía. Si usted es madre, eso se cumple aun más: vestirse y alimentarse, vestir y alimentar y preparar a otros, tender las camas, lavar la ropa, asistir a las reuniones, cocinar, hacer compras, enseñar, hacer deberes, ir a los ensayos. ¡Ahhh, la vida glamorosa!

Pero cuando camina cada día con el *propósito de Dios* en el centro de todo lo que hace, se dará cuenta de que su energía se renueva.

Como líderes, debemos demostrar actitudes coherentes que puedan ser probadas y verdaderas y que no sean negociables, y depender de la energía que infunde el Espíritu Santo es una de ellas. Es especialmente frustrante estar cerca de líderes que al principio tienen tanta energía por una idea que todo el mundo se va tras ella, pero luego la idea merma y lo mismo sucede con la energía, y el ciclo comienza una vez más. Cuando caemos en ciclos de yo-yo como esos, en vez de ir de fuerza en fuerza, la salud del equipo se daña.

Una cultura llena de energía es una en la que todos participan, una cultura de vida y esperanza, una cultura de gran fe y expectación, una cultura donde los triunfos se celebran y los fracasos se perdonan.

Una cultura alimentada por la fe se establece cuando las personas llenas de energía que aman a Dios dirigen y establecen un estándar de excelencia al servir a otros, respetarlos y hacer las cosas en la vida sin estupideces, peleas y otras cosas que normalmente suceden cuando ves a un grupo de personas trabajar y hacer vida juntas. Una cultura llena de energía es una en la que todos participan, una cultura de vida y esperanza, una cultura de gran fe y expectación, una cultura donde los triunfos se celebran y los fracasos se perdonan. Es una cultura donde los encuentros con Dios producen cambio y la atmósfera se carga de fe.

Ahora bien, ciertamente no le estoy sugiriendo que se enrole en una teología basada en el trabajo y se agote tratando de convertirse en un líder súper humano. No obstante, sí quiero desglosar las cosas para ayudarle a ver aquello que podría infundirle a *usted* y a *su equipo* nuevas energías.

CLARIDAD

Resulta fácil para las personas seguirlo a usted con entusiasmo cuando saben adónde va. Nuestro pastor ha mantenido a la iglesia enfocada declarando su visión una y otra vez siempre que le es posible. A lo largo de los años, esta repetición ha contribuido a mantener la claridad y edificar la confianza. Sabemos adónde vamos, la meta no ha cambiado y somos más capaces de correr con esa meta en nuestra mente. Hay energía para el viaje.

En cualquier iglesia u organización exitosa llena de energía, se dará cuenta de que hay una declaración de la visión que se presenta y reitera una y otra vez de manera consistente. A medida que pasen los años, anunciar con claridad la visión trae como consecuencia unidad, fortaleza, empuje y energía para el viaje.

Nuestros equipos de adoración trabajan duro para aclarar el camino con el propósito de que otros se involucren y formen parte del equipo. Tenemos expectativas elevadas pero realistas de que todos logremos trabajar con excelencia. Los objetivos claros traen como consecuencia una energía sin límites.

BUENA COMIDA

No se preocupe. No le voy a dar una perorata acerca de la salud y la buena forma física, aunque podría. Sin embargo, solo voy a darle algunos consejos. Siempre que se aproximan las temporadas de mucha ocupación, animamos a los miembros del equipo a que descansen bastante, se alimenten bien y hagan ejercicios. Aburrido y práctico como suena, estas sugerencias son críticas para la longevidad y tener altos niveles de energía cuando se requiere trabajo extra. He aprendido a nunca asumir que las personas saben cómo cuidarse a sí mismas. En esta generación sin padres, las cosas simples y prácticas a menudo no se enseñan.

Cuando hablo de buena comida me refiero especialmente a la de tipo espiritual. Asegúrese de estar recibiendo enseñanzas bíblicas buenas y sólidas siempre que le sea posible. Puede intentar mantenerse sin ella durante un día, una semana, un mes e incluso dos, pero la prolongación de la energía tiene lugar cuando nuestros espíritus se han alimentado de la Palabra viva de Dios. La verdadera adoración comienza y termina en Él y nuestros espíritus reciben energía en la medida en que respondemos a su amor y su gracia. Una de las razones principales por las que nos encontramos como "adoradores reunidos" es mantener nuestra unidad como un solo cuerpo. Así como el relámpago, el fuego de Dios se transmite de un cuerpo a otro en la adoración colectiva para crear energía.

GOZO

Encontrar su gozo es una cosa; mantenerlo requiere conexión.

El gozo verdadero no depende de las circunstancias; es un fruto del Espíritu, fruto que Dios hace crecer en nosotros y que yo valoro inmensamente.

Isaías 60:15 nos dice: "Haré que seas una gloria eterna, el gozo de todos los siglos". Dios es quien hará posible que usted y yo nos convirtamos en el gozo de las naciones. No podemos crear el gozo, pero podemos permanecer conectados a aquel que produce el gozo dentro de nosotros.

Escuche el Salmo 16:11: "En tu presencia hay plenitud de gozo".

El gozo es la evidencia de que Cristo habita en nuestros corazones.

Me gusta la forma en que Hudson Taylor lo explicó. Llenó un vaso de agua y lo colocó en la mesa delante de la que estaba predicando. Mientras hablaba, golpeó con el puño en la mesa con tal fuerza que un poco del agua del vaso se derramó en la mesa. Luego explicó: "Todos van a enfrentar problemas algunas veces, pero cuando eso suceda, solo lo que esta dentro de usted se derramará".

Llene su espíritu con la Palabra de Dios y verá cómo sus fuerzas se renuevan para liderar con gozo. ¡El gozo produce vida! Hace que otros se sientan seguros con usted. Cuando estoy dirigiendo mi equipo y entro a la habitación llena de gozo, la atmósfera se carga con una sensación de seguridad. ¡No se trata de dramas de reinas o reyes! Considérelo simplemente como gozo.

Nehemías 8:10 declara: "El gozo de Jehová es vuestra fuerza". Cuando usted no tiene gozo, no tiene la fuerza ni la energía que necesita para cumplir su propósito. Si no hay gozo no hay canciones, no hay energía para la alabanza, no hay energía para la vida.

CREATIVIDAD

Fuimos creados para llevar frutos. De modo que si no se siente productivo, podría ser tiempo de poner a funcionar su creatividad. Sí, ser creativo puede requerir un poco de energía, pero como hijos del Autor de toda creación, de aquel que colgó las estrellas en el espacio, que dibuja atardeceres maravillosos cada noche solo para pintar uno nuevo al día siguiente, que nos creó a cada uno de nosotros con un complicado y amoroso diseño para su gloria, no debía sorprendernos nuestra necesidad de crear.

Cuando su papel como líder comienza con una experiencia creativa pero termina convirtiéndolo en un facilitador de listas y horarios, arreglos y preparativos...eehh...¡creo que es hora de cambiar de marcha y avivar el fuego creativo que tiene dentro!

Usted tiene talentos y dones que Dios le ha dado, pero debe usarlos para que se desarrollen. Sea diligente en acudir al Señor en busca de nuevas ideas. Extienda los límites de sus habilidades y descanse en la presencia de su Padre. Dé la bienvenida al Espíritu Santo dentro de su tiempo. Entonces, con el esplendor de la creatividad de Dios derramándose a través de usted, encontrará la fuerza para avanzar más allá de su primera excelencia y comenzar fresco con algo todavía mayor. Cuando se deleita en el Señor y permite que Él cultive su genio en usted, los problemas que ahora lo agobian se resolverán con facilidad y experimentará la energía de la vida de Dios corriendo a través de sus venas.

2 Timoteo 2:1–7 afirma: "Tú, pues, hijo mío, esfuérzate en la gracia que

Cuando usted no tiene gozo, no tiene la fuerza ni la energía que necesita para cumplir su propósito.

es en Cristo Jesús. Lo que has oído de mí ante muchos testigos, esto encarga a hombres fieles que sean idóneos para enseñar también a otros. Tú, pues, sufre penalidades como buen soldado de Jesucristo. Ninguno que milita se enreda en los negocios de la vida, a fin de agradar a aquel que lo tomó por soldado. Y también el que lucha como atleta, no es coronado si no lucha legítimamente. El labrador, para participar de los frutos, debe trabajar primero. Considera lo que digo, y el Señor te dé entendimiento en todo".

Benjamín Franklin lo sabía muy bien. Así que tal vez es el tiempo de dejar que nuestras cometas vuelen hacia los cielos y prueben al mundo que la energía de Dios puede convertirse en el fuego líquido que necesitamos para pasar nuestra fe de un cuerpo a otro. Entonces nosotros también podremos cambiar la forma en que el mundo recibe la luz, la comunicación y la conexión.

"Usted pierde energía solamente cuando la vida deja de tener sentido en su mente. Su mente se aburre y, por tanto, se cansa de no hacer nada. ¡Interésese en algo! ¡Involúcrese por completo en algo! ¡Salga de usted mismo! ¡Sea alguien! Haga algo. Mientras más se pierda a sí mismo en algo más grande que usted, más energía tendrá".[2]

—*Norman Vincent Peale*

VALOR CINCO:
EL APRETÓN

Hermanos míos, tened por sumo gozo cuando os halléis en diversas pruebas, sabiendo que la prueba de vuestra fe produce paciencia. Mas tenga la paciencia su obra completa, para que seáis perfectos y cabales, sin que os falte cosa alguna. Y si alguno de vosotros tiene falta de sabiduría, pídala a Dios, el cual da a todos abundantemente y sin reproche, y le será dada.

—Santiago 1:2–5

"Gócense", dice Santiago. Bueno, esa no es precisamente mi primera reacción cuando enfrento la presión y siento "el apretón". Pero, está bien, gozo... ¡allá vamos!

Es fácil para mí observar su dolor y saber que puede soportarlo. Pero cuando soy yo la que está sufriendo, es un poco más difícil creer que algo bueno saldrá de todo eso. Entonces, ¿cuánta presión se puede considerar como demasiada? Puedo recordar muchos gigantes en la fe quienes sintieron que el estiramiento que se demandaba de ellos era casi insoportable, al punto de desistir, o de tener incluso pensamientos suicidas, en vez de permitir que el dolor momentáneo produjera una aceleración en el crecimiento interno que, con el tiempo, los catapultaría hacia su futuro ordenado por Dios.

La razón por la que he incluido el apretón como un valor

es que se, sin lugar a dudas, cuando hay presión y siente que simplemente no puede soportar más, ¡Dios está a punto de hacer algo grandioso en usted!

Ríndase al gozo

Tal vez ha escuchado acerca del renombrado evangelista australiano Nick Vujicic, quien predica acerca del gozo en Cristo. Nacido con una rara enfermedad llamada Tetra-amelia, es un hombre mutilado, sin brazos y sin piernas, con dos pies pequeños, uno de los cuales tiene dos pulgares. El nacimiento de Nick fue devastador para sus padres al principio, pero llegó a convertirse en una de las mayores bendiciones en sus vidas.

Nick era el blanco de burlas sin misericordia en la escuela. A la edad de ocho años ya había comenzado a contemplar la idea del suicidio. A los diez años, intentó ahogarse en diez centímetros cúbicos de agua, pero cambió de idea después de darse cuenta de cuánto afectaría su muerte a sus padres, quienes son pastores de una iglesia local. Nick le imploró a Dios que le diera nuevos brazos y piernas. Nada sucedió. Así que Nick finalmente aceptó el apretón y comenzó a agradecer a Dios por su vida. A los diecisiete años empezó a hablar abiertamente acerca de Dios y, con el tiempo, fundó su propia organización sin fines de lucro Life Without Limbs (La Vida Sin Extremidades). Actualmente ha hablado a más de tres millones de personas en más de veinticuatro naciones, se graduó de la universidad con dos títulos, escribió un libro, ha estado en numerosos programas de televisión y ganó un premio como mejor actor en el cortometraje *Butterfly Circus*.

Cada mañana al levantarse, Nick tiene que enfrentar el reto de vestirse sin la ayuda de las manos y los pies. Es una lucha permanente el vivir en un mundo de personas altas cuando tienes que mirarlos a las rodillas. ¡Adelante Nick! Eres una inspiración para nosotros.

Es el apretón que hemos soportado lo que prueba al mundo que el producto final vale la pena.

De la presión a la perfección

Cuando pienso acerca de este valor en la esfera de la música, me acuerdo de cómo nuestro equipo ha tenido que trabajar diligente e incansablemente para alcanzar un nivel de ejecución musical consistentemente fuerte. No existe tal cosa como simplemente cruzar los dedos y desear que todos hayan escuchado y practicado el CD en casa. Nosotros ensayamos y ensayamos, algunas veces hasta tarde en la noche. Y hemos estado haciendo eso durante años, solo para asegurarnos de que estamos representando al Señor con lo mejor que tenemos y ayudando a inspirar y facilitar la expresión del corazón humano en adoración. He aprendido que desarrollar cualquier don implica trabajar duro, pero cuando estamos dispuestos a hacer el esfuerzo, lo ordinario, todos tenemos la oportunidad de convertirnos en seres extraordinarios.

Cuando estamos dispuestos a hacer el esfuerzo, lo ordinario, todos tenemos la oportunidad de convertirnos en seres extraordinarios.

Una cultura de trabajo duro nunca ha dañado a nadie, siempre y cuando no pierda de vista la meta. Y como líder de adoración, estoy consciente de que la meta y la fortaleza de la iglesia es incluir a todo el mundo en la gran manifestación de alabanza que ha silenciado al enemigo desde el principio.

Uno de los grandes riesgos del ministerio de la música es que si uno no ensaya y en vez de esto se confía en los superdotados (quienes a menudo no tienen necesidad de ensayar), defrauda a aquellos que sí necesitan dirección y desarrollo. Con el tiempo, su equipo disminuye en tamaño y cuando los superdotados se van en busca de algo más grande y mejor, usted tiene que empezar otra vez. Nuestro equipo siempre está creciendo y dando espacio a nuevos miembros. Mantenemos un modelo de "remplazarse a sí mismo", lo que significa que estamos constantemente en el proceso de entrenar a tantos como podamos abarcar.

En cierta ocasión me encontraba en una reunión de liderazgo

Es al soportar que uno encuentra a Cristo como su verdadero gozo. Es la presión lo que convierte un limón en limonada y es la presión lo que convierte su desorden en un mensaje para la gloria de Dios.

reflexionando sobre cambios que eran muy, muy buenos. Se sugería que los miembros del equipo de música simplemente asistieran a un servicio durante el fin de semana y luego sirvieran en otro servicio del fin de semana, recibiendo y sirviendo. Eliminaría la presión de tener que participar en ambos servicios.

Pero cuando me quedé en silencio, alguien preguntó: "¿Por qué estás tan callada?" Expliqué que, aunque sabía que esa idea aligeraría la carga del equipo, tenía que preguntar: "¿Todavía podremos sentir el 'apretón'?" Es que, sin un poco de la presión que hemos experimentado durante años, simplemente no sé si habríamos estado haciendo lo que estamos haciendo. El apretón le ha dado a gente ordinaria como yo una oportunidad de ver lo que realmente es capaz de manejar. Y mi mayor temor sería que aquellos que vengan detrás de nosotros nunca necesiten experimentar el conocimiento absoluto de que si este no es Dios, si Él no brilla aquí, ¡mejor nos vamos a casa!

La idea del apretón es, para mí en lo personal, una de las mayores aventuras de fe de la iglesia. Es al soportar que uno encuentra a Cristo como su verdadero gozo. Es la presión lo que convierte un limón en limonada y es la presión lo que convierte su desorden en un mensaje para la gloria de Dios.

Vivimos en un mundo de atajos y soluciones rápidas, la generación de la lotería, esperando por un fajo de billetes que caiga del cielo. Sin embargo, en la vida real, las cosas grandes crecen con el tiempo, la energía y el cuidado. Desarrollamos la paciencia al esperar. . . y esperar. . . y esperar.

Por desgracia, la gratificación que se demora es difícil para esta generación de «descargue ahora». Si no pueden tenerlo ahora, o al menos pronto, intentarán alguna otra vía. Y la misma mentalidad ha estado filtrándose poco a poco en la iglesia. Sin embargo, por el mundo entero las iglesias han dicho no a la comodidad, asegurándose de encontrarse en medio de pueblos, ciudades y otros lugares, de manera que nadie se pierda.

Ellos comienzan a ir a las escuelas y centros comunitarios a las cuatro de la mañana, para comenzar a sacar sillas y poner pequeños sistemas de altavoces para hacer que la iglesia sea grandiosa.

Y estoy tan agradecida de que lo hagan.

El trabajo no es nada nuevo para el pueblo de Dios. A través de las generaciones, hombres y mujeres de Dios han trabajado duro y desafiado todas las adversidades para llevar el evangelio a los hombres. Y ahí es adonde quiero llegar: toda esa preparación implica un gran trabajo, ser generoso con el tiempo y los recursos, trabajar unidos para ver a la iglesia ser todo lo que puede ser…es simplemente sensacional.

Pero quitarles a nuestros hijos naturales y a nuestros hijos espirituales estos bloques de construcción en la vida significa privarlos de lo necesario para desarrollar la tenacidad y los músculos espirituales. A pesar de que no queremos crear cargas ridículas para ellos tan solo para probar una idea, con el tiempo necesitarán sentir el peso de la responsabilidad sobre sus hombros.

Cada vez que cualquiera de nosotros enfrenta una prueba: un asunto de relaciones, un asunto de paciencia, un asunto financiero, un asunto de sometimiento, cualquier cosa que sea, necesitamos recordar que las pruebas ayudan a definir lo que realmente creemos. Además, nos maduran y nos dan la forma de aquello en lo que nos estamos convirtiendo. He tenido muchos tiempos tirantes cuando el apretón me ha dejado sin respuestas. En el proceso, he tenido que aprender a depender y confiar en Dios. También he aprendido a estar tranquila cuando me he sentido como si estuviera diciendo mi parte en una actuación. Dios ha usado su Palabra para instruirme con el objetivo de conocer mi lugar y conocer su amor hacia las personas. Su Palabra me asegura que Él tiene el control, incluso cuando yo me siento fuera de control.

Nuestra respuesta al apretón es lo más importante.

El corazón de un campeón

¿Se deja enseñar usted con facilidad? ¿Es flexible? ¿Está deseoso de escuchar o cambiar? ¿O defiende su opinión a capa y espada? ¡Buenas preguntas para hacerse a sí mismo! Recuerde, las cosas flexibles casi nunca se rompen, simplemente vuelven a su posición inicial cuando termina el estiramiento.

Un joven de la iglesia, Jonathon Douglass (o JD), ha formado parte de la Iglesia Hillsong durante toda su vida. Lo he visto crecer y brillar y transitar de seguidor a líder con gran dignidad y fuerza de carácter. Y algo que da mucho crédito a sus padres, nunca han permitido que sus hijos tomen atajos durante el viaje, a pesar de que sus hijos son bien conocidos y bien amados y es probable que pudieran saltarse algunos peldaños sin ninguna consecuencia obvia. No, JD y sus hermanos han aprendido a llevar la carga, a continuar, a detenerse y empacar, a negarse a desistir, a guiar a la gente amando y creyendo en ellos.

Estas son lecciones que los verdaderos campeones aprenden.

Si observa a cualquier equipo ganador durante el entrenamiento, se dará cuenta de que no solo "tienen el impulso" y la esperanza de que llegarán a la cima. No, se esfuerzan hasta el límite, esfuerzan sus cuerpos, esfuerzan sus emociones, esfuerzan su voluntad, para ver en lo que son capaces de convertirse.

Recuerde, las cosas flexibles casi nunca se rompen, simplemente vuelven a su posición inicial cuando termina el estiramiento.

¿Y eso duele? ¡SÍ y SÍ y SÍ!

¿Serían jugadores claves en un equipo clave sin esa clase de presión? NO y NO y NO.

Escuché a Sy Rogers hablar recientemente acerca de cómo las épocas en la vida, desde un punto de vista histórico, también han afectado la forma en que criamos a nuestros hijos y, por consiguiente, guiamos a otros. Algunas generaciones han demandado demasiado de sus hijos y no han mostrado misericordia o emoción durante el camino, criando niños estoicos del tipo "haz el trabajo," "no me abraces" y hombres "que nadie ha visto llorar". En el otro extremo están aquellos que producen bebés de peluche, envolviéndolos en algodón, tratando de protegerlos de cualquier dolor que les pueda llegar en la vida.

Ninguno de los dos casos es el ideal, pero la moraleja de la historia es: Mientras tratamos de proteger a nuestros hijos naturales y espirituales de todo, no los estamos fortaleciendo para nada, los estamos criando para esconderse y entrenando para huir del conflicto. El punto medio es que para entrenarlos como líderes, tienen que tomar parte de todo lo que la vida les ofrece, lo bueno y lo malo y, a su vez, darles las herramientas para vencer las pruebas y aprender a compartir en las épocas de bendición.

Mientras tratamos de proteger a nuestros hijos naturales y espirituales de todo, no los estamos fortaleciendo para nada, los estamos criando para esconderse y entrenando para huir del conflicto.

Así que en la tarea de levantar un equipo fuerte en vez de un equipo de bebés espirituales, la enseñanza que vino a mi corazón fue simplemente esta:

Durante el apretón, aprenda a permanecer de pie.

El mensaje de Juan 15 es que el cumplimiento del ministerio, razón por la cual lo pusieron a usted en esta tierra, es un resultado directo de su relación con Cristo. Se trata de conocer a Dios y llevar fruto. Y el tan importante asunto de aprender cómo estar de pie y permanecer seguro en su puesto es uno de los conocimientos más poderosos que puede adquirir.

Estar de pie mientras a uno lo estiran y lo aprietan no es fácil. Todos queremos correr y escondernos en busca de cualquier cosa que se lleve la presión. Pero en vez de correr, me encanta la idea de la presencia de Dios sobre mí mientras permanezco de pie, cubierta por sus alas poderosas.

Desarrolle un modo de pensar misionero

En las épocas donde sienta el apretón, recuerde que *usted fue diseñado para una misión*.

Hechos 20:24 dice en esencia que lo más importante es que complete mi misión, el trabajo que el Señor Jesucristo me encomendó. La palabra *misión* proviene del término en latín que significa *enviar*. Hemos sido enviados con una misión: ser parte de los escritores de una historia increíble y servir de inspiración para otros, ser parte del sacrificio de modo que otros puedan compartir un futuro increíble y vivir con propósito en el momento que ahora se nos confía. Me encanta esa idea de la consistencia generacional. Y si vivimos con fuerzas para la misión, imagine lo que podrá hacer la próxima generación.

Continuamos la misión de Jesús en la tierra en la medida que "vamos y hacemos discípulos en todas las naciones" (Mateo 28:19).

Cuando usted se da cuenta de que aquello en lo que está involucrado en la tierra (ser parte de un equipo, criar a una familia, trabajar en un empleo, asistir a la escuela) es su misión en vez de una tarea, tendrá una mayor voluntad para permanecer en pie.

¡Considere el costo!

La agenda ocupada, el ofrecer su vida es costoso pero, oh, tan maravilloso. Jesús oró: "No se haga mi voluntad, sino la tuya" (Lucas 22:42). Deje de hacer oraciones enfocadas en usted mismo y pídale a Dios que bendiga lo que haga. La Biblia nos dice que nos demos a nosotros mismos totalmente a Dios, cada parte de nuestras vidas, para que seamos herramientas en su mano, para que Dios nos use para sus buenos propósitos. Ya no vivo yo, sino que Cristo vive en mí.

Decida ahora que cuando se vuelva demasiado difícil, usted ya decidió pagar el costo que fuera necesario.

Imagínese si las mujeres que dan a luz, justo antes de hacerlo, decidieran:

> *Si vivimos con fuerzas para la misión, imagine lo que podrá hacer la próxima generación.*

"Pues, no voy a hacer esto. ¡Es demasiado difícil! Se acabó". (De hecho, estoy segura de que dije eso justo antes de dar a luz). Pero a pesar de que el nacimiento es doloroso (¡todas sabemos de que hablo!), el apretón produce un gozo inexplicable.

¡Sin dolor no hay ganancia!

Cuando estoy corriendo (¡estoy usando libremente la palabra *corriendo*!) y se torna difícil, todo en mi interior quiere desistir. Pero porque deseo mejorar, exijo a mi cuerpo que vaya un poco más lejos cada vez, con el objetivo de aumentar mi fuerza y resistencia. No, no es fácil, pero me impongo el desafío de correr un poco más cada vez para asegurarme de que estoy mejorando.

De la misma forma, en temporadas de imprevistos, cambios y retos, siempre y cuando permanezca seguro, usted tiene una oportunidad de aprender a fortalecer sus músculos espirituales.

Cada vez que enfrenta la opción de estar de pie o dejarse caer, permanecer o abandonar, levantarse o quedarse acostado en la cama, ejercite sus músculos. Los músculos necesitan fortalecerse y la única forma en que eso sucederá es mediante el uso. Cuando sus músculos para la misión están fuertes, Dios puede y hará nacer cosas increíbles a través de usted.

El Padre sabe qué es lo mejor

La oración es la forma primaria para incrementar nuestra fuerza espiritual, para mantener el gozo durante el viaje y para tener una vida más abundante.

Oswald Chambers afirma: "La oración es el aliento de vida del cristiano, no aquello que le da vida, ¡sino la evidencia de que Él vive!" Se dice que una *semana* sin oración *debilita* a un cristiano. Así que caiga de rodillas agradecido cada día, independientemente del apretón, y agradezca a Dios por su obra en usted.

Recuerdo un día que escuché a alguien fuera de mi oficina quejándose acerca de cuánto trabajo tenía que hacer como voluntario. Cuando consideré la carga real de trabajo, en realidad no era mucha. Me di cuenta de que estaba teniendo un día "desconectado"...¡todos los tenemos! Pero mientras caminaba hacia fuera para acercármele y consolarlo y tal vez aligerar un poco su carga de trabajo, escuché al Señor hablando a mi espíritu, diciendo: "No, yo estoy haciendo una obra en él". Así que simplemente salí afuera, le di las gracias por su arduo trabajo y le hice saber cuánto lo apreciábamos.

Al final, todo lo que puedo hacer como líder es pedirle a Dios que me dé sabiduría para tomar grandes decisiones y pedirle su gracia cuando no lo hago. Tengo que darme cuenta de que el pueblo de Dios está en las manos de Dios. Son libres de tomar sus propias decisiones y luego lidiar con las consecuencias de esas elecciones.

Así que, como líder, enseñe a las personas cómo permanecer de pie, cómo disfrutar el trabajo duro con un propósito mayor y, sobre todo, cómo orar. Su trabajo o el mío no consiste simplemente en decir a las personas qué deben hacer; nuestro trabajo es guiarlos al Padre para que puedan escucharlo directamente de él.

Ehhh, ¿se encuentra atravesando un apretón? ¡Dios está a punto de hacer algo grandioso con usted!

"CUANDO ANHELEMOS UNA **VIDA** SIN **DIFICULTADES,** RECUÉRDANOS QUE LOS **ROBLES CRECEN FUERTES** CUANDO LOS VIENTOS LES SON CONTRARIOS Y QUE LOS **DIAMANTES** SE FORMAN BAJO **PRESIÓN".** [1]

Peter Marshall

VALOR SEIS:
PUERTAS ABIERTAS

Pero tú habla lo que está de acuerdo con la sana doctrina. Que los ancianos sean sobrios, serios, prudentes, sanos en la fe, en el amor, en la paciencia. Las ancianas asimismo sean reverentes en su porte; no calumniadoras, no esclavas del vino, maestras del bien; que enseñen a las mujeres jóvenes a amar a sus maridos y a sus hijos, a ser prudentes, castas, cuidadosas de su casa, buenas, sujetas a sus maridos, para que la palabra de Dios no sea blasfemada. Exhorta asimismo a los jóvenes a que sean prudentes.

—Tito 2:1–6

A veces cuando usted ha estado dando de su tiempo y ministrando a otras personas, la energía que esto requiere puede agotarlo grandemente, tanto física como emocionalmente. Y, debido a que Cristo fue totalmente hombre, también se fatigó. Durante esos tiempos de extremo cansancio, sus discípulos trataron de protegerlo disuadiendo a las personas para que no lo perturbaran. Pero Jesús nunca estaba demasiado cansado para atender a las personas, en especial a aquellos que se le acercaban con la fe y la confianza de un niño.

El letrero de bienvenida siempre estaba colgado en un lugar visible: ¡Entre! Jesús tenía una política de puertas abiertas y la puerta de su corazón estaba abierta para todos, en cualquier momento o lugar. Así que no es de extrañar que en Mateo 19 el Señor no tome en cuenta el consejo de sus discípulos y vemos a los pequeños niños corriendo hacia Jesús y trepando por su regazo para tocar su barba, sentir su amor y recibir su bendición.

A medida que estudiamos el ejemplo de vida de Jesús, encontramos un principio muy importante en el liderazgo: Tanto como le sea posible, viva con una política de puertas abiertas.

Puertas abiertas, vidas abiertas

Cada vez se vuelve más importante para mí en lo personal el mantener una atmósfera abierta, tanto en la oficina como en el hogar, de modo que los amigos, tanto los nuevos como los viejos, se sientan bienvenidos para entrar.

Aun cuando estamos trabajando en las oficinas de nuestra iglesia, la puerta permanece abierta, esto es, con excepción de las primeras semanas del inicio de un nuevo semestre en la universidad, ¡cuando los estudiantes extranjeros pasan lentamente por el frente para mirar dentro! ¡A veces me dan deseos de cobrar un impuesto y reunir algunos dólares para las misiones!

Tan gracioso como pueda parecer, cada vez resulta más frecuente que muchas de las personas que estamos guiando, muchos que no tienen modelos de roles fuertes en el sentido natural, están buscando algo más que instrucción acerca de cómo guiar una reunión, o cómo predicar. A menudo más bien sienten mucha más curiosidad acerca de cómo vivir la vida.

Le daré un ejemplo de un incidente que sucedió hace algunos años. Acababa de ofrecer una introducción acerca del currículo y luego decidí destinar un tiempo para preguntas. El equipo y yo habíamos respondido algunas preguntas formuladas con mucha cortesía acerca de las transiciones musicales en la adoración, cuando la multitud se sumió en un silencio incómodo. Uno de los delegados tomó la palabra: "¿Puedo preguntarles algo de una naturaleza más personal?"

"Seguro", respondí, preguntándome adónde iría a parar esta pregunta.

Ser abierto significa estar dispuesto a lidiar con las preguntas difíciles así que, dejando a un lado la ansiedad, le permití que hiciera la pregunta.

Bien, este señor comenzó a hacer preguntas frontales pero saludables acerca de la tensión que estaba experimentando al tener que hallar un balance entre las expectativas del liderazgo en la iglesia con aquellas del hogar y la familia. Le explicamos que el propósito de la iglesia no es crear tensión en el hogar, sino cambiarnos y hacernos a la semejanza de Cristo de modo que Él pueda ocupar el primer lugar en nuestros hogares.

Como líderes, es nuestra responsabilidad cuidar de aquellos a quienes estamos guiando y, *antes* de pedirles que se comprometan, siempre debemos considerar las secuelas que puede ocasionar el demandar demasiado de las personas. A menudo las personas tienen un corazón tan noble y están tan deseosas de honrar a Dios que casi siempre dirán que sí al ministerio y, sin querer, descuidarán su hogar y su familia. Estoy cien por ciento a favor de lanzar a la gente a aguas profundas, dándoles la posibilidad de que sirvan seriamente, pero no a expensas de otros.

Estas preguntas de la vida real continúan resonando en nuestros días. Los jóvenes se preocupan por casarse y por continuar casados. Quieren saber cómo prevenir el agotamiento y cómo mantener el fuego por las cosas de Dios. Quieren aprender acerca de las finanzas, de la cocina, de cómo llevar una casa e incluso acerca de cuándo tener hijos. No tienen miedo de hacer preguntas difíciles, tales como: "¿Qué dice la Biblia sobre la homosexualidad? ¿Sobre el divorcio? ¿Sobre el diezmo? ¿Sobre el reino de Dios?" ¡Quieren saber y quieren saber ahora!

Así que la filosofía de las puertas abiertas nació a partir de una necesidad de mentores y continúa hasta la actualidad. Nuestras vidas deben estar allí para que otros las lean, las sigan y las cuestionen. También me he tenido que equipar con respuestas bíblicas para situaciones cotidianas. Y muy pronto aprendí que no tenía que ser la experta que tuviera todas las respuestas. Simplemente escucho al Espíritu Santo, oro con ellos y les muestro a Cristo.

A veces Dios nos usará para ser parte del proceso de solución del problema al ayudar a otros a definir el problema y a considerar las opciones disponibles, pero no somos llamados a controlar sus elecciones.

Lo más importante que nosotros los mentores podemos ofrecer es nuestra disponibilidad.

Por supuesto, a veces Dios nos usará para ser parte del proceso de solución del problema al ayudar a otros a definir el problema y a considerar las opciones disponibles, pero *no* estamos llamados a controlar sus elecciones. Lo principal es asegurarnos de que hemos destinado márgenes durante el día, cuando sea necesario a propósito, para estar disponibles para aquellos que vienen a nosotros con la fe y la confianza de un niño.

En resumen, es cuestión de amar a las personas y ser buenos pastores. No siempre sabemos lo que está sucediendo en el mundo privado de una persona, pero cuando alguien pide apoyo, necesitamos ofrecerlo siempre que sea posible. Dicho esto, sé por experiencia personal que no siempre es posible estar disponibles para todos. A Mark y a mí nos resulta un poco difícil mantener a la familia en primer lugar y, a la vez, mantener la política de puertas abiertas hacia otros. Es un acto de equilibrio que solo se produce cuando dependemos del Espíritu Santo.

Sin embargo, así como los niños que saltaron al regazo de Jesús en busca de una bendición, la mayoría de las personas solo necesitan saber que son lo suficientemente valorados como para que en realidad nos importen, así que vale la pena el esfuerzo.

Y hablando de esfuerzo, la mayoría de las conexiones son el resultado de elegir alcanzar a otros. Una de las mejores formas de conectarse con las personas es aprender a extenderse, rechazando el apuro. Es increíble descubrir las conversaciones que será capaz de sostener cuando no sale corriendo por la puerta de la iglesia hacia fuera después del servicio, sin importar cuán cansado esté.

También he aprendido a simplemente mirar a los ojos a la persona mientras estamos conversando. La gente se siente ofendida y bastante minimizada cuando usted mira por detrás de ellos para ver lo que está ocurriendo en el lugar.
¡Conéctese!

Permita que vean su verdadero yo

La política de puertas abiertas implica incluir a las personas en su vida. Me encanta recibir personas en mi casa y conversar con ellas mientras llevo a cabo, simplemente, mi vida diaria. En vez de tener más reuniones, dé la bienvenida a alguien en su casa para conversar un rato mientras hace un poco de esto y un poco de aquello. Invite a alguien para que esté con usted mientras escribe una canción o hace algo creativo. Permita que esa persona lo acompañe mientras lleva a los niños en el carro, o va al aeropuerto, o hace diligencias. Propóngase tomar a alguno de los jóvenes que le ha estado pidiendo pasar un tiempo juntos e involúcrelo en el mundo real con usted.

Sin una política de puertas abiertas, aquellos que guiamos tienden a asumir nociones erróneas acerca de cómo es la vida de aquellos que están en el liderazgo. Ya sea que esté comprando comida, llevando la ropa a lavar, o recogiendo a los niños de la escuela, las personas literalmente se detienen a preguntar si esto es en realidad lo que hago cuando no estoy en la plataforma. ¡De veras asusta! (Regresando a casa del gimnasio, me detuve en el mercado y alguien me preguntó, mientras seleccionaba algunas cosas de comida, ¡si era así como yo lucía en realidad! ¡En serio!) Así que, mientras las imaginaciones y fascinaciones del mundo con las celebridades se cuelan dentro de las iglesias sin que les desafíen, existe una tendencia de buscar la fama por encima del rostro de Dios. Y cuando las personas desarrollan imágenes descomunales de aquellos que están en la plataforma, asumen que los "ministros" están exonerados de cualquier clase de cosas normales, incluyendo el tener que rendirse por completo bajo la poderosa mano de Dios.

La cultura mundana dentro de la iglesia ha estado urgiéndonos a tomar control de nuestras propias vidas, a convertirnos en dueños de nuestro destino, a hacer lo que sea necesario para llegar a la cima y a luego usar la Biblia para, de alguna manera, apoyar nuestras acciones. Sin embargo, la Biblia no se escribió para ser un guión que podamos adaptar o modificar según creamos que sea necesario.

Eugene Peterson explica: "El Autor del libro está escribiendo sobre nosotros en su libro, no somos nosotros quienes estamos escribiendo sobre Él dentro del nuestro. Nosotros nos encontramos en el libro como seguidores de Jesús. Jesús nos llama a seguirlo y a obedecerlo".[1]

Así que nos levantamos, entrenamos y amamos a las personas en el Señor, según el Libro de Dios. No escribimos las consecuencias para nadie; simplemente ofrecemos a Dios nuestra disponibilidad para que Él nos use. Por tanto, estimado líder, le pregunto. . . ¿es su vida la puerta abierta que hace que otros se sientan aceptados y bienvenidos ante Dios, o se ha convertido en una puerta cerrada a la vida? ¿Está dispuesto a que le hagan preguntas, o es usted la clase de líder que dice "No toquemos ese tema"? Parafraseando al pastor Bill Hybels: "¿Quién es usted cuando nadie lo está mirando?" ¿La vida que vive de lunes a sábado refleja una vida que Dios quisiera que otros imitaran?

La próxima generación está buscando líderes a los cuales seguir. Quieren saber cómo reconocer los límites saludables y cómo colocarlos en su lugar. Mostrémosles y luego digámosles cómo vivir una vida cristiana equilibrada. Comencemos a enseñar las cosas prácticas de la vida.

Recientemente escribí una rutina mañanera para alguien que simplemente parece no saber cómo lidiar con los asuntos del día. ¿Le parece demasiado básico? ¿No se relaciona con la forma en que usted lidera? Piénselo otra vez. Cuando las cosas básicas en la vida están desarregladas, otras áreas de la vida seguirán el mismo patrón. Necesitamos enseñar a nuestros hijos, naturales o espirituales, cómo convertirse en discípulos. Necesitarán nuestra ayuda para aprender las disciplinas de una vida piadosa, tales como leer la Palabra, desarrollar sus dones, ser puntual y asumir responsabilidades en la vida. De hecho, la lista es infinita.

A un nivel aún más personal, los creyentes jóvenes necesitan aprender cómo vestirse adecuadamente para todas las ocasiones. Muchas mujeres jóvenes en la actualidad son más influenciadas por la industria de la moda que por los mentores o la familia, pero solo toma un poco de tiempo y cuidado enseñarles cuán valiosas son. Conocer su valor guiará sus elecciones, incluso a la hora de vestirse. No se trata del estilo o la gracia, aunque nuestra ropa sí representa identidad, lo cual es tanto correcto como divertido. No obstante, se trata de la santidad, ése es nuestro estándar.

Cierre la puerta a la condenación

Y, estimado líder, no juzgue a los jóvenes que no se vistan o no luzcan de la manera que a usted le gustaría. La transformación espiritual tiene lugar dentro y, con el tiempo, se refleja en todo nuestro ser. Me molesta mucho cuando alguien menosprecia a los jóvenes por su apariencia o cuando aquellos que ni siquiera los conocen los juzgan por lo que parecen ser. Es la aceptación lo que causa que las personas cambien, no el rechazo. Dios conoce exactamente en lo que nos convertiremos cada uno de nosotros. Él ve a las personas desde una perspectiva completamente diferente a la de nosotros porque nos formó, célula a célula. Tejió en nuestro interior una necesidad de Él y una necesidad de cumplir su propósito y solo Él sabe lo que se requerirá para cambiar nuestros corazones.

Demasiados niños en la actualidad no se encuentran bien ni en el ambiente secular ni en la iglesia. Los han juzgado, avergonzado y rechazado tanto que tienen miedo a confiar. Han crecido en una sociedad que sabe muy poco acerca del compromiso, de los límites y de la santidad. Anhelan conocer al Jesús que se mostró amigable con las prostitutas y con los cobradores de impuestos, aquel que dio la bienvenida al ladrón en el paraíso y que entregó su vida por los seres humanos rechazados. Muéstreles esa clase de Jesús y no habrá espacio suficiente en nuestras iglesias para acomodarlos a todos.

Es la aceptación lo que causa que las personas cambien, no el rechazo.

Escuche lo que dice Juan 4:35: "¿No decís vosotros: Aún faltan cuatro meses para que llegue la siega? He aquí os digo: Alzad vuestros ojos y mirad los campos, porque ya están blancos para la siega".

Nos está diciendo que abramos los ojos: la cosecha está aquí y está lista. Pero la cosecha no tiene la apariencia de antes. Está disimulada con tatuajes, agujereada con anillos en la nariz, en los labios y en la lengua, y marcada con agujas y cortadas hechas a propósito. No obstante, amamos la cosecha. Y lo que es más importante, Dios los amó tanto a cada uno de ellos que dio lo mejor que tenía para redimirlos.

En cierta ocasión una joven mujer le preguntó a la Madre Teresa si podía unirse a su ministerio en Calcuta. Ella respondió: "Encuentre su propia Calcuta. No busque a Dios en tierras lejanas. Él está cerca de usted, está con usted". Dios le ha colocado justo donde está para que ejerza allí la influencia del Reino. Es hora que de cuelgue su cartel de bienvenida en un lugar visible y permita que otros sepan que la puerta que conduce a su corazón está abierta. ¡Pase!

"HAZ TODO EL
BIEN QUE PUEDAS,

POR TODOS LOS
MEDIOS QUE PUEDAS,

EN TODAS LAS
FORMAS QUE PUEDAS,

EN TODOS LOS
LUGARES QUE PUEDAS,

EN TODOS LOS
MOMENTOS QUE PUEDAS,

A TODAS LAS
PERSONAS QUE PUEDAS,

SIEMPRE QUE PUEDAS".[2]

John Wesley

VALOR **SIETE:**
LA EXCELENCIA

La casa que tengo que edificar, ha de ser grande;
porque el Dios nuestro es grande sobre todos los
dioses. Mas ¿quién será capaz de edificarle casa,
siendo que los cielos y los cielos de los cielos no
pueden contenerlo? ¿Quién, pues, soy yo, para
que le edifique casa, sino tan sólo para quemar
incienso delante de él? Envíame, pues, ahora un
hombre hábil que sepa trabajar en oro, en plata,
en bronce, en hierro, en púrpura, en grana y en
azul, y que sepa esculpir con los maestros que
están conmigo en Judá y en Jerusalén, los cuales
dispuso mi padre. Envíame también madera del
Líbano: cedro, ciprés y sándalo; porque yo sé que
tus siervos saben cortar madera en el Líbano; y he
aquí, mis siervos irán con los tuyos, para que me
preparen mucha madera, porque la casa que tengo
que edificar ha de ser grande y portentosa.

—*2 Crónicas 2:5–9*

¡Un templo de exhibición! Cuando Salomón le
pidió al rey de Tiro trabajadores para que lo ayudaran a construir un templo para Dios, solo podían
ir los mejores. Los fenicios eran reconocidos como los
mejores constructores y arquitectos en el mundo. Tenían
excelentes habilidades y creatividad, pero el templo que
habían creado no era lo suficientemente grandioso como
para contener la magnificencia de Dios. Así que Dios decidió

edificarse un templo para Él en los corazones de los hombres y allí viviría y respiraría y nos daría a nosotros un propósito para vivir. Solo un corazón que está dedicado por completo a Él puede conocer la excelencia de Dios, absolutamente sorprendente, ¡un templo de exhibición!

Así que cuando alguien preguntó hace muy poco: "¿Cómo puede uno convertirse en un excelente pastor de adoración?" Instintivamente pensé en un conjunto de habilidades, la habilidad musical, la unción y el llamado de Dios, todas las cosas que las personas consideran necesarias para tener un gran ministerio en la música. Pero las palabras que brotaron de mi corazón a medida que hablaba fueron muy diferentes: "Tiene que ocuparse. . . y ocuparse con todo su corazón. Y la razón por la que se ocupe es muy importante".

Ocuparse es costoso

El rey David, el más excelente pastor de adoración de todos los tiempos, comprendió el *por qué* de su ocupación. David sufrió las consecuencias de su desobediencia una y otra vez, pero 2 Samuel 24:20-24 nos permite ver lo que hay en su corazón:

> *Arauna miró, y vio al rey y a sus siervos que venían hacia él. Saliendo entonces Arauna, se inclinó delante del rey, rostro a tierra. Y Arauna dijo: ¿Por qué viene mi señor el rey a su siervo? Y David respondió: Para comprar de ti la era, a fin de edificar un altar a Jehová, para que cese la mortandad del pueblo. Y Arauna dijo a David: Tome y ofrezca mi señor el rey lo que bien le pareciere; he aquí bueyes para el holocausto, y los trillos y los yugos de los bueyes para leña. Todo esto, oh rey, Arauna lo da al rey. Luego dijo Arauna al rey: Jehová tu Dios te sea propicio. Y el rey dijo a Arauna: No, sino por precio te lo compraré; porque no ofreceré a Jehová mi Dios holocaustos que no me cuesten nada.*

Aquí encontramos algunas ideas que nos permiten comprender

mejor por qué solo a David se le conoce como "un hombre conforme al corazón de Dios" (1 Samuel 13:14). Esta porción de las Escrituras revela un corazón que no estaba dispuesto a transigir la verdad, engañar a las personas o ser mezquino en su trato con Dios. David sabía que había fallado mucho y se le había perdonado mucho, pero también tenía un corazón que confiaba completamente en Dios. Y comprendía que aquellos que realmente conocen la bondad de Dios no buscan el perfeccionismo, el cual solo produce temor, sino que buscan la excelencia, que es la voluntad de arriesgarlo todo por el amor del Señor.

Aquellos que realmente conocen la bondad de Dios no buscan el perfeccionismo, el cual solo produce temor, sino que buscan la excelencia, que es la voluntad de arriesgarlo todo por el amor del Señor.

Arauna ofreció la propiedad y otros bienes sin costo alguno de modo que el sacrificio no le iba a costar nada a David, pero David se negó a ofrecerle a Dios cualquier cosa que no representara el 100 por ciento de su amor y devoción. "No voy a ofrecerle a Dios, a mi Dios, sacrificios que no implican ningún sacrificio". David llamó a Dios "mi Dios". Él sabía que no valoramos las cosas que no nos cuestan nada y estaba deseoso de pagar cualquier precio para adorar a su Dios. Él no hizo sacrificios para parecer agradable ante los ojos de los hombres; él hacía sacrificios porque su corazón se había convertido en un templo lo suficientemente grande como para que Dios habitara en él. ¡Hermoso!

Nuestro estándar es la excelencia

Cuando la razón por la que usted se ocupa es porque le interesan las cosas que Dios valora, protegerá las revelaciones que Dios despliegue en su medio, se ocupará por las personas que le han sido confiadas para que las pastoree y las pondrá antes que el resto de los requerimientos urgentes, se ocupará en la teoría que se enseña en la adoración y se interesará en que esos himnos de alabanza sean lo mejor que usted pueda ofrecer.

"Porque de tal manera amó Dios. . . que dio". Dios no dio por obligación sino motivado por un amor que demandaba una respuesta de excelencia.

Cualquier forma de liderazgo honesto requiere que el líder enseñe de la manera más excelente. No de la manera más fácil, o empleando atajos para cumplir con compromisos de última hora, sino de la manera más íntegra que establece un estándar de excelencia.

Algunos creen que *excelencia* es una palabra extravagante y muchas personas la rechazan. Es por eso que otras traducciones usan la palabra *mejor*. Y yo diría que la excelencia es hacer lo mejor durante cada día de su viaje.

Proverbios 22:29 afirma: "¿Has visto hombre solícito en su trabajo? Delante de los reyes estará; no estará delante de los de baja condición". En su hogar, la excelencia significará servir, perdonar, respetar y asumir responsabilidades por sus actos de modo que otros puedan ver la Palabra de Dios demostrada y aplicada en la práctica a través de su ejemplo. En su iglesia o comunidad local la excelencia requerirá sensibilidad y generosidad ante las necesidades de otros, tiempo para edificar relaciones y voluntad para entregar su vida con el objetivo de que otros puedan continuar. Caminamos la segunda milla porque estamos involucrados. Sí, la excelencia lleva más tiempo, más corazón y más devoción de la que usted y yo podemos ofrecer con nuestras propias fuerzas, "pero tenemos este tesoro en vasos de barro, para que la excelencia del poder sea de Dios, y no de nosotros" (2 Corintios 4:7).

El no ocuparse trae como consecuencia una adoración descuidada.

El poder de la excelencia se demuestra por y mediante nuestra cuidadosa ocupación. Como líder de adoración me interesa que la adoración que se ofrece al Señor sea pura y agradable ante sus ojos, no extravagante o "espectacular", sino ferviente y reflexiva. Y mi deseo es vivir siempre en esa revelación.

El no ocuparse trae como consecuencia una adoración descuidada. Puede sonar bien y complacer a los espectadores, pero sin cuidado o integridad para lograr el objetivo, la adoración se convertirá en sacrificios sin sacrificio. Y la adoración descuidada no ejercerá un efecto perdurable en la vida de las personas.

Así que, como en la mayoría del resto de los valores, el por qué detrás del qué debe enseñarse y entenderse. Invierta tiempo en la enseñanza del por qué, hable de su testimonio y de sus historias. Ofrezca lo mejor a aquellos que necesitan su sabiduría. Invierta su energía en aquellos que pastorea. Sin una ocupación cuidadosa, las cosas de Dios se reducen a reglas y límites que no tienen sentido, pero con cuidado las cosas perduran.

Sin chapucerías

Matt Hope y su esposa, Mel, son dos personas que ejemplifican la ocupación en las cosas de Dios y el cuidado de las cosas que tienen un valor imperecedero. Forman parte de nuestros amigos más cercanos, una pareja con la que compartimos mucho en la vida. Hace algunos años, Matt y Mel empacaron con su joven familia y se fueron a Ruanda, en el este de África, como parte del equipo del proyecto Esperanza Ruanda. Matt está a cargo de la construcción de viviendas en Villa Esperanza, así que trajo a un grupo de albañiles y ayudantes para hacer realidad el proyecto y para asegurar que la construcción de los edificios pudiera resistir el paso del tiempo.

Según se dieron las cosas, resultó que los trabajadores experimentados empleaban la mayor parte de su tiempo y energía entrenando a las personas de la localidad que no tenían la preparación suficiente. No se trata de que estas personas no hubieran construido muchas casas debido a la necesidad; lo que pasa es que dichas casas no se habían construido para que duraran. La tarea de enseñar fue larga y a veces dolorosa. Una pared en particular la erigieron y derribaron y volvieron a erigir cuatro veces antes de construirla correctamente pero el resultado fue la estabilidad y la ocupación cuidadosa, el motor impulsor. Al final, muchos jóvenes en Ruanda ahora tienen el inmenso placer de saber que están construyendo casas que van a durar mucho tiempo.

Cuando enseñe como parte de su labor de mentor, por favor evite que las lecciones sean demasiado fáciles.

Recuerde, las mejores cosas en la vida requieren:

Cuidado + tiempo + energía.

Génesis 4 narra la antigua historia de Caín y Abel, dos hermanos que adoraron a Dios con sus sacrificios. La historia cuenta que Dios aceptó la "elección" de Abel para su ofrenda porque presentó lo mejor que tenía para ofrecer. Por el contrario, la ofrenda de Caín no era lo mejor que podía ofrecer y el Señor no la aceptó. Dios le advirtió a Caín: "Si no hicieres bien, el pecado está a la puerta; con todo esto, a ti será su deseo, y tú te enseñorearás de él" (v. 7).

Todos necesitamos dominar nuestra tendencia a ser descuidados cuando presentamos nuestros corazones como una ofrenda ante Dios. Cuando quitamos nuestros ojos del Señor, el pecado toca a la puerta de nuestros corazones, con el deseo de dominarnos y, siempre que sea posible, dominará también a aquellos que nos siguen. Pero hay algunas cosas que podemos hacer para mantenernos enfocados. Lo primero y más importante: tenemos que aprender a depender de la guía del Espíritu Santo para permanecer conectados con Dios y con su pueblo.

El enemigo se opone a nuestra adoración, a nuestra unidad y a nuestra santidad, así que en el entorno de nuestro equipo de adoración, siempre oramos antes de ministrar y nunca nos desviamos de nuestro compromiso de reunirnos, de comprometernos, de perdonar, de alabar y de unir nuestros corazones en un mismo sentir. Siempre recordamos que la adoración es santa, que no es un show, o un mero entretenimiento cristiano. Deseamos que las personas conozcan la excelencia del amor de Dios hacia ellos de modo que nunca más se vayan tras un dios falso que quiera competir con Él.

Todo lo que brilla no es oro

Cuando quitamos nuestros ojos del Señor, el pecado toca a la puerta de nuestros corazones, con el deseo de dominarnos y, siempre que sea posible, dominará también a aquellos que nos siguen.

Un día, hace no mucho tiempo, estaba en un aeropuerto en espera de un vuelo que tenía casi cuatro horas de retraso. Si bien eso no es algo tan inusual para aquellos de nosotros que viajamos mucho, definitivamente no es mi pasatiempo favorito. Así que, como cualquier buena mujer lo haría, me aventuré a ver que había en las tiendas del aeropuerto. Y no ha de sorprenderse de que, al final, entré en una pequeña tienda de joyas.

En fin, descubrí el reloj pequeño más hermoso, con forma de cruz. Tenía una gruesa banda blanca y el borde de la esfera estaba cubierto de diamantes falsos. Entonces vi la etiqueta con el precio: $20.

¡Tiene que ser un error! Pero no, le pregunté al dependiente y, con toda seguridad, el costo era veinte dólares.

Después de pensarlo por un par de segundos, decidí que la compra era buena y salí de la tienda con el reloj más "ostentoso" que había visto…veinte dólares bien empleados.

Bien, luego de más o menos dos semanas, dejó de funcionar. *¡Qué estafa!* Así que me fui con mi joya al relojero del pueblo, quien quitó la tapa trasera y soltó una risita. "Espero que no haya pagado mucho por esto. No hay nada aquí que valga la pena ser arreglado".

Sí, mi pequeño y bonito equipo para ver la hora demostró que no servía para nada. Según la parte de afuera parecía bueno, muy bueno, pero no había nada dentro que le permitiera seguir funcionando.

¿Puede entender adónde quiero llegar con esto? La excelencia por amor a la propia excelencia es una trampa que inicia comparaciones. Luego, con el paso del tiempo, las convicciones se diluyen, incluso antes de que tengamos tiempo para darnos cuenta. Muy pronto nos encontramos copiando de una copia que se adentró en nuestros corazones. No hay nada de bueno en ello.

Excelencia sin par

Pero no tenemos que conformarnos con otra cosa que no sea lo mejor. Daniel 6:1–3 cuenta la historia de un joven hombre con una confianza inquebrantable en el Señor. Y debido a esa confianza, Daniel sobresalió con un éxito que solo tiene lugar cuando nuestros corazones se dedican por completo a Dios: "Pareció bien a Darío constituir sobre el reino ciento veinte sátrapas, que gobernasen en todo el reino. Y sobre ellos tres gobernadores, de los cuales Daniel era uno, a quienes estos sátrapas diesen cuenta, para que el rey no fuese perjudicado. Pero Daniel mismo era superior a estos sátrapas y gobernadores, porque había en él un espíritu superior; y el rey pensó en ponerlo sobre todo el reino".

Una de nuestras mayores metas en la vida debía ser tener un espíritu excelente. Y Daniel es el mejor ejemplo en este sentido. Daniel 6 cuenta que lo pusieron a cargo de todo el reino debido a su espíritu superior.

El mundo no tiene nada que se iguale a un espíritu excelente, este excederá cualquier don, talento o carisma. Y a pesar de que los sacrificios no serán sin costo, producirán un templo que será absolutamente impactante, un templo de exhibición que sirva de modelo a las generaciones futuras.

"SI DESEA LOGRAR LA EXCELENCIA EN LAS COSAS GRANDES, DEBE DESARROLLAR EL HÁBITO EN LAS COSAS PEQUEÑAS".[1]

Colin Powell

VALOR OCHO:
LA HUMILDAD

¿Quién es sabio y entendido entre vosotros? Muestre por la buena conducta sus obras en sabia mansedumbre. Pero si tenéis celos amargos y contención en vuestro corazón, no os jactéis, ni mintáis contra la verdad; porque esta sabiduría no es la que desciende de lo alto, sino terrenal, animal, diabólica. Porque donde hay celos y contención, allí hay perturbación y toda obra perversa.

—Santiago 3:13–16

Santiago nos dice que la humildad se demuestra mediante una buena conducta y mediante obras en sabia mansedumbre. A veces no sabemos cómo describir la humildad, pero la podemos reconocer cuando la vemos. El Dr. J. Hudson Taylor es una de esas personas que la tenía. El mensaje de su vida era que nosotros tenemos que "conducir a los hombres a Dios por medio de la oración". . . y todo lo que logró fue el resultado de confiar en Dios en oración. Si usted fuera a definir la palabra *humildad* de acuerdo a la vida de Taylor, la definiría como confianza en Dios. Dios lo llamó a los diecisiete años y este joven inglés se convirtió en el primer misionero en adentrarse en China, quien más tarde fundaría la Misión al Interior de China con más de trescientas estaciones. Hablaba tres variedades de chino y empleó cinco años en la traducción de la Biblia al dialecto *Ningpo.*

Una historia que a las personas les gusta contar acerca de él tuvo lugar cuando le pidieron que hablara en Melbourne, Australia, ante una gran iglesia presbiteriana. Luego de que lo presentaran como un gigante espiritual y que la congregación recibiera el recuento de sus logros con prolongados aplausos, por fin presentaron a Taylor como su "invitado ilustre". Taylor hizo una pausa y luego comenzó: "Estimados amigos, soy el humilde servidor de un Maestro ilustre". ¡Qué mejor forma de modelar la humildad!

Desenmascare el orgullo

A menudo pensamos acerca de la *humildad* como la característica de ser modesto o respetuoso. Sin embargo, creo que esta definición es una descripción que subestima un rasgo del carácter tan poderoso que es capaz de transformar a aquellos que han sido tocados por él. De hecho, la palabra *humildad* proviene de la raíz *humus*, que significa barro, tierra. Sugiere la idea de dejarse enseñar, de ser flexible, maleable, capaz de aceptar una remodelación o transformación, el barro en la rueda del alfarero (vea Jeremías 18).

Sin embargo, como vemos en el pasaje que inicia esta sección, la ausencia de humildad abre la puerta al orgullo, la base de la envidia, la ambición egoísta, el desorden y todas las malas prácticas. El orgullo y la humildad, tal como la luz y la oscuridad, no pueden andar juntos. De hecho, sin humildad tenemos muy pocas oportunidades de ejercer una influencia sostenida.

Cuando la humildad no está presente, las palabras: "Venga tu reino, como en el cielo, así también en la tierra" se convierten en: "Mi reino venga, hágase mi voluntad, mi ambición es suprema, ¡es a mi manera o nada!"

Mire, el orgullo, que es capaz de enmascararse con tanta astucia y, a menudo, en la forma de justicia o de ser una "buena persona", siempre ha sido la perdición de las personas prominentes, las llamadas exitosas. Dicho esto, veamos qué no es la humildad:

No es pensar menos de usted de lo que Dios piensa.

No es despreciarse a sí mismo.

No es permitir que las personas lo pisoteen o lo traten como basura.

No es no tener opinión.

No es permitir que lo minimicen para que pueda encajar.

No es rechazar que otros lo sirvan.

No se trata de estar siempre al final de la fila de los que reciben, en especial cuando Dios quiere que usted aprenda cómo recibir.

Algunos de estos "no" nos atan en lazos de esclavitud porque son normas falsas de humildad que a menudo tienen su raíz en otros asuntos tales como la baja autoestima y/o el resultado de la decepción o el fracaso. Estas falsas creencias contradicen la Escritura y violan el carácter de Dios. De modo que, por favor, no acepte esas ideas. Usted es una persona que tiene un valor inmenso para Dios y su deseo es que disfrute siendo *usted* mismo.

En *Cartas del Diablo a su Sobrino* (1942), el autor C. S. Lewis describe una conversación entre dos demonios: Escrutopo, el anciano y sabio demonio y su discípulo, Orugario, un demonio principiante. Es una interesante presentación de la estrategia del enemigo (¡recuerde, es ficción!) para atrapar a los seres humanos en la creencia de que un tipo falso de humildad, que se basa en complacer a los hombres, es todo lo que se requiere de un cristiano. Su objetivo es desarmar incluso a las personas más brillantes paralizándolas con la duda sobre sí mismos y la inseguridad, para mantener sus vidas pequeñas e ineficaces. En una parte a Orugario se le encomienda convencer al cristiano de que si quiere ser humilde, tiene que creer que sus talentos son menos valorados de lo que cree que son, ya que esta es una forma perfecta de evitar que use esos talentos para bendecir a Dios, el enemigo de Escrutopo.

¿Buena estrategia, no? En tiempos de transición, muchas personas caen en esa trampa, ya sea momentáneamente o, lo que resulta trágico para algunos, por el resto de sus vidas. Tristemente, estas queridas personas no pueden vencer las mentiras que acosan sus vidas con la duda y la incredulidad. Si estoy hablando a usted o a alguien que usted esté guiando, quiero que sepa que

Cada vez que una duda sobre sí mismo o un pensamiento de temor entre a su mente, dese cuenta, rechácelo y reemplácelo con fe.

estos pensamientos salen del mismo foso del infierno y usted no puede estar de acuerdo con ellos. Cada vez que una duda sobre sí mismo o un pensamiento de temor entre a su mente, dese cuenta, rechácelo y reemplácelo con fe. Solo se necesita una fe del tamaño de un grano de mostaza para que crezca un árbol de vida en su corazón. Así que comience desde abajo, pero continúe creyendo que puede hacer lo que Dios dice que puede hacer porque "mayor es el que está en vosotros, que el que está en el mundo" (1 Juan 4:4).

Momentos del tipo: "¿Quién, yo?"

Usted no es el único que ha luchado con la pregunta de cómo Dios podría usarlo. Las historias de los héroes humildes de Dios se encuentran en los ejemplos de "¿Quién, yo?" de la Palabra.

Por ejemplo, David era un joven pastor de ovejas con un corazón noble que, incluso a los ojos de su propio padre, era bueno para nada. Cuando puso en fila a todos los hermanos para que desfilaran delante de Samuel como posibles candidatos para el reino, no incluyó a David. Pero porque a Dios le agradó la apariencia del corazón de David —humilde, sencillo, dedicado—, Dios mismo levantó a David e hizo posible que lo que era obvio ante sus ojos, su corazón puro, fuera obvio delante de los hombres. Cuando Dios le pidió que diera un paso al frente, David tuvo una experiencia de "¿Quién, yo?". Más adelante, en 2 Samuel 7:18-21, David hace una increíble oración que revela lo profundo de su corazón:

¿Quién soy yo, oh Soberano SEÑOR, y qué es mi familia para que me hayas traído hasta aquí? Y ahora, Soberano SEÑOR, sumado a todo lo demás, ¡hablas de darle a tu siervo una dinastía duradera! ¿Tratas a todos de esta manera, Soberano SEÑOR?¿Qué más puedo decirte? Tú sabes cómo es realmente tu siervo, Soberano SEÑOR. 21 Debido a tu promesa y según tu voluntad hiciste todas estas grandes cosas y las diste a conocer a tu siervo. (NTV)

Muy bien… respire. Hagamos un pequeño chequeo de orgullo. Aquí viene.

Puede descubrir que el orgullo se está elevando en usted cuando su pregunta cambia de: "¿Quién, yo?" a "¿Por qué usted?" "¿Por qué no *yo*?"

Los mayores problemas de David comenzaron cuando el éxito y la prominencia produjeron el confort y las opciones, dos enemigos del hambre. No mucho tiempo después David estaba haciendo lo que parecía bueno ante sus propios ojos y esa sensación de derecho abrió la puerta al desorden y a la destrucción. Como en el caso de David, el orgullo aparece cuando nos distanciamos de la Palabra de Dios, de su presencia y de su voluntad.

Isaías 66:2 declara: "Miraré a aquel que es pobre y humilde de espíritu, y que tiembla a mi palabra". Ser humilde es depender de la Palabra de Dios para cada paso del camino.

A la inversa, ser orgulloso significa simplemente que usted tiene una visión inflada de sí mismo. Es confiar en sí mismo para tomar decisiones en vez de consultar a Dios primero de modo que usted se adjudica el crédito por sus logros, creyendo que sus esfuerzos le han allanado el camino. Es una cuesta resbalosa, pero Dios sabe cómo ayudarlo a salir de ella.

Considere a Moisés. Comenzó a pensar que podía ayudar a Dios a liberar a los judíos de la esclavitud. Así que cierto día, al ver a un soldado egipcio golpeando a uno de los hebreos, observó a su alrededor para asegurarse de que nadie lo estuviera viendo y mató al egipcio. Usted conoce la historia. Moisés fue acusado de asesinato y huyó al desierto para esconderse. Y Dios estaba justo ahí en el desierto esperándolo. Fue en aquel lugar desértico, solo con Dios, donde Moisés fue transformado en un hombre humilde. De hecho, Números 12 describe a Moisés como el hombre más humilde sobre la faz de la tierra. Me encanta el hecho de que la Palabra revele las luchas que tuvo Moisés para confiar en sí mismo, con su tartamudeo al hablar, siempre pensando que Dios no podría usarlo otra vez, en especial para liberar a una nación: *¿Quién, yo?* Pero allí vemos la manera de Dios. Él honra el corazón del hombre. De hecho, el Señor confió tanto en el corazón inquebrantable, constante y decidido a no mirar atrás de Moisés que incluso le permitió verlo y hablar con Él cara a cara.

El círculo privado de Dios

Anhelo que Dios confíe en mí lo suficiente como para poder hablar con Él cara a cara, una y otra vez, clara y simplemente, hasta que sea lo suficientemente confiable como para llevar dentro de mi corazón los grandes misterios y secretos de su Palabra.

¿No es ese su deseo también?

A pesar de que la Palabra afirma que Él levantará a aquellos que permanecen humildes, ese pensamiento de hecho no me inspira. Pero la posibilidad de que llegue a confiar tanto en mí como para permitirme escuchar su voz…¡eso sí es inspirador! Lo que es más, pienso que esa clase de intimidad es lo que Dios tenía planeado para cada uno de nosotros. Su voluntad es que usted y yo seamos tan humildes como Moisés de modo que seamos transformados de ser personas centradas en nosotros mismos a personas centradas en Dios. Imagínese una iglesia llena de personas que simplemente vivan para hacer la voluntad de Dios y siempre tratar a los otros de la manera que a Él le agrada.

El orgullo aparece cuando nos distanciamos de la Palabra de Dios, de su presencia y de su voluntad.

Filipenses 2:1–11 nos brinda una panorámica de cómo luciría:

> Por tanto, si hay alguna consolación en Cristo, si algún consuelo de amor, si alguna comunión del Espíritu, si algún afecto entrañable, si

alguna misericordia, completad mi gozo, sintiendo lo mismo, teniendo el mismo amor, unánimes, sintiendo una misma cosa. Nada hagáis por contienda o por vanagloria; antes bien con humildad, estimando cada uno a los demás como superiores a él mismo; no mirando cada uno por lo suyo propio, sino cada cual también por lo de los otros. Haya, pues, en vosotros este sentir que hubo también en Cristo Jesús, el cual, siendo en forma de Dios, no estimó el ser igual a Dios como cosa a que aferrarse, sino que se despojó a sí mismo, tomando forma de siervo, hecho semejante a los hombres; y estando en la condición de hombre, se humilló a sí mismo, haciéndose obediente hasta la muerte, y muerte de cruz. Por lo cual Dios también le exaltó hasta lo sumo, y le dio un nombre que es sobre todo nombre, para que en el nombre de Jesús se doble toda rodilla de los que están en los cielos, y en la tierra, y debajo de la tierra; y toda lengua confiese que Jesucristo es el Señor, para gloria de Dios Padre.

C. S. Lewis afirmó: "El orgullo no halla placer en tener algo, sino solamente en tener más de eso que la otra persona. Decimos que las personas son ricas u orgullosas, o inteligentes, o bien parecidas, pero no lo son. Son orgullosas de ser más ricas, más inteligentes, o mejor parecidas que el resto. Si alguien más se hiciera igualmente rico, o inteligente, o bien parecido, no habría nada de qué enorgullecerse. Es la comparación lo que lo hace sentir orgulloso. El placer por encima del resto".[1]

La tercera carta de Juan cuenta acerca de un hombre llamado Diótrefes que buscaba tanto ser prominente y que era tan egoísta que deliberadamente fomentaba la confusión en la iglesia y evitaba que Juan y cualquier otro que se relacionara con él hablaran sobre ¡la Palabra que Dios les había encomendado! El deseo de que los hombres lo reconocieran destruyó su posibilidad de entrar en el círculo privado de Dios.

Cosas que los humildes tienen en común

Hay algunas cosas que todas las personas humildes parecieran tener en común y una de ellas es:

El servicio.

Richard Foster escribe: "Nada *disciplina* los deseos desordenados de la carne como el servicio y nada *transforma* los deseos de la carne como servir en secreto. La carne gime frente al servicio, pero grita frente al servicio en secreto. Se retuerce y clama por honor y reconocimiento. Se disfrazará de maneras muy sutiles, de medios religiosamente aceptables para llamar la atención sobre el servicio que se ofrece. Si nos negamos rotundamente a ceder ante esta lujuria de la carne, es ahí cuando la crucificamos. Cada vez que crucificamos la carne, crucificamos nuestro orgullo y arrogancia".[2]

Es simple, amigo.

Use sus dones para servir a otros.

Jesús siempre estaba enfocado en otros y Él es nuestro ejemplo. Necesitamos mantener nuestros corazones rendidos a los caminos de Dios y mantener nuestra misión de vivir en Él fuerte y segura, recordando que la Gran Comisión se trata por completo de otros.

Es fácil decir que nos interesan los otros hasta que alguien hiere nuestros sentimientos, o no nos dan un reconocimiento que merecemos, o alguien dice algo malo de nosotros detrás de nuestras espaldas. Es allí cuando empezamos a tener problemas con el "yo" y morir al egoísmo se convierte en una muerte lenta para la carne. Todo lo que puedo decir es que cada vez que siento que uno de los aspectos de mi carne ha sido clavado en la cruz…enseguida me doy cuenta de otro aspecto que necesito tratar. Dios sabía que enfrentaríamos luchas con nuestra carne, es por eso que incluyó tantas amonestaciones acerca de ella e incluso nos dio ejemplos que debíamos seguir y otros que debíamos evitar.

Filipenses 2:3 nos ordena: "Nada hagáis por contienda o por vanagloria; antes bien con humildad, estimando cada uno a los demás como superiores a él mismo".

Y 1 Pedro5:5 nos instruye: "revestíos de humildad".

El rey David fue lo que podríamos llamar una celebridad. Sin embargo, en 1 Samuel 18:16, vemos que "todo Israel y Judá amaba a David, porque él salía y entraba delante de ellos". En otras palabras, no era inalcanzable, o arrogante, sino humilde, servía a otros, hacía su vida en medio de las personas. Y Dios también hace la vida con las personas. Isaías 57:15 confirma esta verdad: "Yo habito en la altura y la santidad, y con el quebrantado y humilde de espíritu". Usted puede ver a Dios en las personas humildes y cerca de ellas encontramos un gran sentido de su amor y aceptación. Estoy segura de que así era David y de que esa era la razón por la que las personas lo amaban tanto.

Pero según el Salmo 138:6, cuando Dios nos ve caminando en orgullo, de hecho se distancia de nosotros. Por tanto, en el momento en que nos estamos distanciando de Dios y de su pueblo, necesitamos revisar nuestros corazones.

Usted y yo no podemos predicar sobre algo que no tengamos el compromiso de vivir. La nueva generación tiene poco tiempo para inconsistencias entre lo que decimos y la manera en que vivimos. Mis propios hijos me han enseñado esta verdad. Ha habido ocasiones cuando le he enseñado algo al equipo y casi de inmediato ha sido probado en mi propia vida y *ahhh*, ¡reprobé la prueba! Y eso es lo que nos encanta de la familia... ¡¡allí no hay chance de esconderse!!

La verdad es esencial, mis amigos. Este no es un espectáculo llamado *iglesia* que estamos montando. No, nosotros somos las manos y los pies de Cristo representándolo a Él y a todo lo que Él defiende en un mundo adolorido.

Recordemos que somos los humildes servidores de un Maestro ilustre.

"La humildad no es pensar menos de usted mismo; es pensar menos en usted mismo".

—*Rick Warren*

VALOR NUEVE:
MAYOR QUE LA ADVERSIDAD

Pues aunque andamos en la carne, no militamos según la carne; porque las armas de nuestra milicia no son carnales, sino poderosas en Dios para la destrucción de fortalezas, derribando argumentos y toda altivez que se levanta contra el conocimiento de Dios, y llevando cautivo todo pensamiento a la obediencia a Cristo, y estando prontos para castigar toda desobediencia, cuando vuestra obediencia sea perfecta.

—2 Corintios 10:3–6

El predicador americano Billy Sunday (1863 -1935) dijo: "Sé que el Diablo es real por dos razones: primero, porque la Biblia lo dice; segundo, porque he hecho negocios con él".

¡Hombre inteligente! Mire, la mayoría de las personas no reconocen que la mano de nuestro enemigo está sembrando el desacuerdo, la discordia y la destrucción para desatar guerras entre los creyentes y para destruir su esperanza en Dios. Alguien dijo: "El truco más inteligente del diablo es hacer que las personas crean que no existe, o que no tiene nada que ver con nuestros dolores, pérdidas y sufrimientos". Es por eso que he incluido este valor como recordatorio de que hay Uno que es más grande que cualquier adversidad.

Conozca a su enemigo

Se cuenta una historia de dos niños pequeños que estaban conversando sobre el tema del diablo. Un niño le dijo al otro: "¿Crees que el diablo es real?" El otro respondió: "Bueno, ya sabes quién era el Papá Noel. El diablo tiene que ser o tu mamá o tu papá". Gracioso como pueda parecer, muchas personas creen que sus líderes espirituales y sus hermanos y hermanas en Cristo son el diablo, en vez de unirse a ellos y orar para que el enemigo sea expuesto.

Nuestro verdadero enemigo es la falta de conocimiento de lo que realmente es importante y la falta de comprensión acerca de cómo trabajar juntos. A veces me he encontrado en medio de una situación tensa con alguien, en medio de un asunto que está acabando con mis fuerzas, cuando al final ni siquiera pude recordar exactamente de qué se trataba todo en realidad. Es ahí cuando me doy cuenta de que el enemigo viene a matar, a robar y a destruir.

Winston Churchill dijo en cierta ocasión: "Si quiere destruirlos, distráigalos". Y eso es exactamente lo que hace nuestro adversario; nos distrae por completo de la causa principal, que es unirnos para conocer a Cristo y darlo a conocer.

2 Corintios 10:4-5 nos instruye para que usemos nuestras pasiones correctamente, para luchar en el reino del Espíritu, "para la destrucción de fortalezas, derribando argumentos y toda altivez que se levanta contra el conocimiento de Dios".

A veces nos preguntamos: ¿Es posible la unidad? ¿Puede realmente vencer la adversidad? El Salmo 133 afirma:

> ¡Mirad cuán bueno y cuán delicioso es habitar los hermanos juntos en armonía! Es como el buen óleo sobre la cabeza, el cual desciende sobre la barba, la barba de Aarón, y baja hasta el borde de sus vestiduras; como el rocío de Hermón, que desciende sobre los montes de Sion; porque allí envía Jehová bendición, y vida eterna. (vv. 1-3).

Este salmo describe un cuadro muy real de lo que puede lograr la unidad: en primer lugar, alegra al Padre; segundo, sirve de testimonio al mundo; tercero, aumenta la unción.

No obstante, todos hemos hecho negocios con el diablo y encontrado situaciones en las que, sin importar cuánto hayamos tratado, simplemente no hubo solución. El rey David sabía por experiencia propia acerca de los efectos desastrosos de los desacuerdos entre las personas, habiendo tenido que huir él mismo del odio implacable de Saúl. Cuando haya hecho todo lo humanamente posible para traer paz y, a pesar de ello, los problemas continúan apareciendo, necesita saber cómo orar. La vida nos pone a todos en situaciones que están fuera de nuestro control y tenemos que saber cómo orar para poder avanzar.

Lo bueno de lo malo

Recordemos orar por nuestros líderes, orar por aquellos que nosotros lideramos, orar por sabiduría en cada situación, orar por oportunidades para la reconciliación. La oración es la llave que abre las puertas del cielo. En tiempos de adversidad, podemos huir de Dios y dejar que el enemigo dirija nuestras circunstancias o podemos correr hacia Dios y permitir que trabaje a través de nuestras oraciones para sacar lo bueno de lo malo.

Insistí en la enseñanza sobre este tema con mi equipo después que mi familia vivió un momento de crisis que solo puede describirse como aterrorizante...y necesitábamos que la mano de Dios interviniera. Sucedió cuando nuestra hija más pequeña, Zoe, tenía cinco años. Estaba en casa con nosotros recuperándose de una operación de las amígdalas, luego de años de repetidas amigdalitis. Era una operación de rutina y todo había salido bien. Estaba débil, pero fortaleciéndose. Sin embargo, todo cambió en cuestión de unos pocos días; su color era gris, su conducta se transformó; estaba soñolienta e infeliz. La llevaba una y otra vez a los médicos, pero no podían encontrar la raíz del problema.

Entonces, casi ocho días después, en medio de la noche, Mark y yo sentimos un extraño ruido que salía de su habitación.

Corrimos hacia Zoe y la encontramos acostada en la cama con una hemorragia. Llamamos a una ambulancia y luego oramos. Estaba perdiendo mucha sangre rápidamente pero (¡alabado sea Dios!) la ambulancia estaba cerca. El oficial de la ambulancia era un hombre increíble, un cristiano. Él y su equipo corrieron hacia un hospital para estabilizarla (donde encontramos a otro cristiano, ¡un médico de nuestra propia iglesia!). Luego la transfirieron a un hospital de niños para continuar el tratamiento (¡dónde también parecía haber cristianos por todas partes!). Zoe respondió bien a todos los tratamientos y unos días después estábamos en casa, muy agradecidos a Dios y a todas aquellas personas maravillosas que han dedicado sus vidas al campo de la medicina.

Nuestra iglesia se interesó grandemente, mostrando su gracia y de veras cuidándonos. Incluso la mascota de los niños de nuestra iglesia, Max, llegó a visitarnos. Estar en la lista de los que reciben el cuidado pastoral nos ayudó ciertamente a ser más humildes y lo apreciamos mucho.

Algo muy interesante, durante los días y semanas que siguieron, me sorprendieron las reacciones de algunos de los miembros de nuestro equipo de jóvenes, preocupados y amorosos por supuesto, pero con preguntas como estas: ¿Cómo oró? ¿Qué clase de palabras utilizó cuando oró? ¿Tenía miedo? ¿Está bien sentir miedo en las crisis? ¿El miedo significa que no tenemos fe?

Finalmente me di cuenta de cuán importante es que enseñemos las bases del cristianismo. Como dije en "Puertas abiertas" (Valor seis), las preguntas eran intensas: ¿Cómo oramos en tiempos de luchas? ¿O cuando pareciera que la vida se está desmoronando? ¿Cómo es una vida cristiana auténtica? Si no tiene "todo perfecto", ¿de todos modos se puede ser un cristiano de verdad?

Y entonces, cuando regresé a nuestros ensayos semanales y a nuestras noches de estudio, comencé a hablar un poco acerca de la guerra espiritual, de lo que dice la Biblia acerca de la oración y de cómo confiar en Dios para ver milagros incluso cuando todo el infierno parece haberse desatado sobre nuestro mundo.

Continuamente estamos creciendo en este aspecto de orar la Palabra, que ofrece respuestas espirituales intencionales para cada una de nuestras necesidades.

La enseñanza en el liderazgo es más eficaz cuando ha sido probada, gustada, vivida y modelada primero en su vida. Entonces se convierte en parte de uno mismo de modo que todos pueden ver la obra de Dios en su vida.

Por supuesto, no todas las situaciones tienen un final feliz. Hemos orado y creído que ciertas personas serán sanadas, pero la sanidad no tuvo lugar aquí en la tierra. A veces han surgido disputas y, aun con ayuda, no hubo solución. Tristemente, hemos estado al lado de jóvenes excelentes mientras sus padres transitaban el infierno del divorcio, usando a sus hijos como monedas de cambio, rompiendo y quebrantando sus pequeños corazones. De modo que necesitamos enseñar a las personas cómo enfrentar la adversidad y los problemas en formas que los ayuden a permanecer firmes, a declarar las promesas de Dios y a decretar el reino de Dios sobre cada situación.

He incluido el siguiente estudio del Salmo 46 porque realmente ayudó a los miembros de nuestro equipo a cimentar su comprensión acerca de cómo caminar a través de las pruebas abrasadoras sin quemarnos.

Estudio del Salmo 46

Al músico principal; de los hijos de Coré. Salmo sobre Alamot.

[1] Dios es nuestro amparo y fortaleza, Nuestro pronto auxilio en las tribulaciones.

[2] Por tanto, no temeremos, aunque la tierra sea removida, Y se traspasen los montes al corazón del mar;

[3] Aunque bramen y se turben sus aguas, Y tiemblen los montes a causa de su braveza. *Selah*

[4] Del río sus corrientes alegran la ciudad de Dios, El santuario de las moradas del Altísimo.

[5] Dios está en medio de ella; no será conmovida.

La enseñanza en el liderazgo es más eficaz cuando ha sido probada, gustada, vivida y modelada primero en su vida.

Dios la ayudará al clarear la mañana.

⁶ Bramaron las naciones, titubearon los reinos; Dio él su voz, se derritió la tierra.

⁷ Jehová de los ejércitos está con nosotros; Nuestro refugio es el Dios de Jacob. *Selah*

⁸ Venid, ved las obras de Jehová, Que ha puesto asolamientos en la tierra.

⁹ Que hace cesar las guerras hasta los fines de la tierra. Que quiebra el arco, corta la lanza, Y quema los carros en el fuego.

¹⁰ Estad quietos, y conoced que yo soy Dios; Seré exaltado entre las naciones; enaltecido seré en la tierra.

¹¹ Jehová de los ejércitos está con nosotros; Nuestro refugio es el Dios de Jacob.

El Salmo 46 está dirigido al músico principal y me encanta que la Palabra de Dios valore a aquellos altamente calificados en el área de la música y el arte. En 1 Crónicas 15:20 leemos que Zacarías, Eliab y Benaía debían alabar al Señor con "salterios sobre Alamot". Hasta donde sé, los salterios sobre Alamot (*Alamot* se define como "virgen", o no tocado por la carne) puede significar adorarlo con sonidos frescos en el Espíritu y no por un antiguo hábito o por caer en la trampa de cantar en un solo tono. En vez de esto, debemos adorar con inteligencia, alegría y gratitud, crear alabanzas que expresen de manera apropiada la plenitud del momento. Puede que esta explicación no sea lo suficientemente exacta ya que la información es escasa, pero una cosa es segura: estas antiguas descripciones muestran que la ocupación cuidadosa, el tiempo y las habilidades deben estar presentes cuando traemos una canción para honrar a nuestro Rey.

Las dos primeras palabras en este salmo, muestran una vez más mucha confianza: "Dios es". . . nuestro amparo, nuestra fortaleza, nuestro pronto auxilio.

118

Dios es. ¿En verdad puede usted creer, sin sombra de dudas, que Dios es todo lo que dice que es? Creo firmemente que si usted y yo fuéramos capaces de captar esta revelación de quién es Dios, nuestras vidas serían extremadamente diferentes. Solo Dios es nuestro todo en todo, nuestra fortaleza en la debilidad y nuestro pronto auxilio.

En cierta ocasión me encontraba adorando en el funeral de uno de nuestros queridos hermanos de la iglesia. Sí, era triste. Y sí, había pena y dolor, pero pude experimentar de manera sobrecogedora el *pronto auxilio* de Dios, más cercano que el amigo o el familiar más íntimo e incluso más real que el propio problema.

Nunca olvidaré cuando, justo después de que mi papá muriera, tuve una sensación de tristeza que se volvió muy difícil de soportar. Papá y yo éramos excepcionalmente unidos. Yo era su compañera y, a pesar de que la vida para él se volvió muy confusa al final, tenía a Cristo y, al tenerlo a Él, lo tenía todo. Perderlo a él fue como perder mi centro. Semanas después todavía pensaba que moriría de pena. Entonces, un día estaba hablando con Dios mientras colgaba ropa en la cuerda de tender; en realidad, estaba gritándole cuando, de repente, literalmente sentí su brazo poderoso rodeando mis hombros para reconfortarme...muy real, llegando justo en el momento apropiado. No quería moverme, o respirar, o echar a perder aquel momento santo.

Comparto este momento privado con usted para animarlo recordándole que solo Dios es la vía para salir victorioso de las pruebas. Aunque muchas pruebas tratarán de derrotarnos, la adversidad en toda su maligna dimensión, podemos permanecer fuertes, sabiendo que nuestro Dios está cerca. ¡Incluso cuando pasen el cielo y la tierra, incluso entonces, Dios es!

Escuche esto: "El mal podrá fermentar, la ira podrá hervir y el orgullo echar espuma por la boca, pero el corazón valiente y con la confianza divina no tiembla". (¡Spurgeon, por supuesto!).[1]

Luego encontramos un *Selah*... que significa: deténgase, recupere la calma, piense por un momento.

La música asignada al Salmo 46 debió haber sido muy colorida porque sus palabras son muy desgarradoras. Después de tal interpretación musical, ciertamente el salmista debe haber necesitado respirar profundo para recuperar la calma y para reflexionar por un momento. Esta pausa no es fruto de la consternación o de la duda sino simplemente un tiempo para cambiar de tono, para preparar el instrumento y cantar deliberadamente una música de victoria en medio de una tormenta y luego alistarse para la música de los triunfadores. Ahora estamos en el río cuyas corrientes alegran la Ciudad de Dios, Sión, cuyas corrientes no son intermitentes sino que fluyen sin cesar con gracia y favor, ríos de vida y gozo, supliendo todas nuestras necesidades, trayendo vida y frescura. La iglesia es como la Ciudad de Dios. Tiene su diseño, su gloria, su propósito, su pueblo, su mensaje, su provisión. De ella fluyen ríos de agua vida, dedicados a su alabanza y glorificados por su presencia.

La Ciudad de Dios siempre ha provocado la ira del enemigo, así que no debe sorprendernos que la Palabra diga que los impíos se molestan cuando ven fluir las corrientes de Dios. "¿Cómo sucedió esto?" preguntan continuamente. Sus gritos de enojo tienden a aumentar en volumen e intensidad. Y entonces, de una manera hermosa, ¡el Señor alza su voz y la tierra se derrite! ¡Dios es!

"Venid y ved", declara el salmista. Venga y vea lo que el Señor hizo para derrotar a nuestros enemigos... nuestro escudo y fortaleza, nuestro pronto auxilio. Una vez más fue fiel a su Palabra y a su carácter. Hay muchas cosas que la poderosa voz de Dios puede lograr: la paz en la guerra, el fin de la lucha, el quebrantamiento de incluso los enemigos más grandes hasta que no puedan causar estragos nunca más. Una palabra de Dios es todo lo que se requiere para calmar las aguas y es por eso que la Palabra de Dios tiene que estar en usted. Su Palabra es la espada que usted tiene para derribar al enemigo. Su mayor defensa radica en orar la Palabra de Dios.

Luego, las palabras que todos nosotros conocemos y valoramos tanto: "Estad quietos, y conoced que yo soy Dios". El gran Yo Soy le dice: "Recuerde, Yo Soy".

Él será exaltado en los cielos y en la tierra.

Valor nueve: Mayor que la adversidad

Entonces, ¿por qué vacilamos para confiar en nuestro Dios, en el gran Yo Soy?

Si confía de verdad, debe dejar de querer resolverlo todo por usted mismo.

Confiar es poner nuestra confianza en algo, depender de ello.

Aprenda a soltar y confíe en Dios.

Encontré la canción que aparece a continuación, escrita por el gran reformador Martín Lutero:[2]

> Castillo fuerte es nuestro Dios,
> defensa y buen escudo.
> Con su poder nos librará
> En este trance agudo.
> Con furia y con afán,
> acósanos Satán;
> por armas dejar ver,
> astucia y gran poder;
> cuál él no hay en la tierra.

La explicación de Lutero acerca del Salmo 46 es: "Cantamos este salmo para alabar a Dios, porque Dios está con nosotros y poderosa y milagrosamente defiende su iglesia y su Palabra contra todos los espíritus fanáticos, contra las puertas del infierno, contra el odio implacable del enemigo y contra todos los ataques del mundo, de la carne y del pecado".

Así que lo dejo con este pensamiento: Dios es.

"La mayor gloria de la vida no yace en nunca caernos sino en levantarnos cada vez que caemos".

—Nelson Mandela

121

VALOR DIEZ:
EL FRACASO NO ES EL FINAL

El amor nunca deja de ser.

—*1 Corintios 13:8*

En otras palabras, si al comienzo no tiene éxito, ¡inténtelo, inténtelo una y otra vez!

Recuerdo cuando, siendo una niña, mi mamá me decía estas palabras. (¡Es gracioso lo que uno recuerda a medida que va envejeciendo!) Ahora me gusta decir: "Si al comienzo no tiene éxito, inténtelo de nuevo, porque el amor de Dios por usted *nunca* dejará de ser".

Básicamente, la idea central de este valor es: ¡Nunca tache a las personas cuando cometan un error! Dios no obra de esa forma y tampoco debemos hacerlo nosotros. Dios viene a vivir en nuestras vidas para cambiarnos, pero no se muda y nos deja solos cuando lo decepcionamos. No, Él está comprometido con cada uno de nosotros. Agradezco al Señor por no tacharme o condenarme a vivir en el desierto por mis errores y estoy segura de que usted, estimado líder, puede decir lo mismo. Se llama gracia, el mensaje soberano que silencia la condenación y trae a primera plana las razones para que existiera la cruz.

Oh, cuánto necesitamos la gracia cada uno de nosotros. Muchas personas me han contado experiencias acerca de sus intentos de incursionar en algo nuevo y cuando fracasaron, no solo perdieron la confianza en sí mismos sino también la confianza de sus compañeros. Y es natural sentirnos decepcionados cuando nos trazamos una meta y no la alcanzamos. Sin embargo, la experiencia puede ser muy embarazosa, en especial cuando tenemos que admitir nuestro fracaso ante aquellos a quienes tenemos en alta estima. Pero recordemos que el fracaso puede ser una de las más efectivas herramientas de enseñanza de Dios en la construcción del carácter.

La libertad es un plan de regreso

Una de las mayores lecciones que he aprendido al tratar con personas que han cometido errores en su intento por probar algo que no habían probado, al tomar una mala decisión o al fallar, es que nosotros los líderes tenemos que darles la oportunidad de nuevo enseguida, con mucha gentileza, compasión y dirección sabia para que hagan una mejor elección en el futuro. Todas las críticas deben hacerse con palabras constructivas, nunca con frases destructivas. Necesitamos buscar el potencial en aquellos a quienes guiamos y proveer un plan de regreso para todos los que no cumplen con las expectativas. (¡Eso me suena al mensaje de Jesús!)

Los líderes de Disney, una de las industrias del entretenimiento más exitosas y creativas del mundo, siempre les han dicho a los creadores: "El fracaso es bueno, siempre y cuando no se convierta en un hábito". ¡Qué libertad! ¡Qué gran forma de proveer un ambiente donde las personas se sientan libres para "intentarlo" o probar algo nuevo, sin que los "tachen" cuando sus ideas no funcionen.

Mentores, enseñen a sus discípulos cómo recuperarse del fracaso. Cuando los errores se cometen públicamente, ya sea grandes o pequeños, casi siempre tienen un impacto tan devastador que ¡a menudo las personas abandonan la senda de sus sueños para siempre!

Una característica de Dios que aprecio mucho es que continúa junto a su pueblo, incluso cuando lo echa todo a perder. Por ejemplo, mientras leía Deuteronomio 9 y 10, me cautivaron los eventos que sucedieron cuando Dios le dio a Moisés los Diez

Mandamientos en aquellas tablas de piedra. De hecho, Dios mismo estiró su brazo atravesando los cielos y usó su dedo para escribir su voluntad para la humanidad en aquellas tablas. (¡¿Puede siquiera imaginárselo?! ¡Me encantaría ver la escritura de Dios!)

Todas las críticas deben hacerse con palabras constructivas, nunca con frases destructivas.

Luego, después de cuarenta días y cuarenta noches en el monte con Dios, finalmente Moisés recibió las tablas de piedra. Sin embargo, en ausencia de Moisés el pueblo de Israel había enloquecido, había corrompido su conducta y había hecho imágenes talladas de dioses huecos para adorarlos. ¡ Y Dios se enojó! Le dijo a Moisés que iba a destruir al pueblo por ser tan rebelde y arrogante.

¡Moisés también se enojó! De hecho, estaba tan enojado que (¿puede creer esto?) ¡lanzó las dos tablas de piedra al suelo y las rompió! ¡Ay! Pero Moisés oró y oró hasta que captó la atención de Dios (Deuteronomio 9:19 afirma que el Señor escuchó a Moisés, ¿cuán hermoso es esto?) y cambió el curso de la historia de aquel pueblo que no lo merecía. ¡Eso sí que es interceptar el cielo y la tierra! Pero… ¡lo que más me asombró fue que Moisés haya lanzado a tierra aquellas tablas de piedra escritas por la misma mano de Dios!

¿Alguna vez ha roto algo de gran valor y después lo ha lamentado? Recuerdo cuando en cierta ocasión un amigo llegó buscando café y, justo antes de marcharse, la carpeta que llevaba rozó accidentalmente la punta de un mantel de una mesa. No pasó nada, *excepto* que el antiguo juego de té que Mark me había comprado cuando nos comprometimos estaba sobre ese mantel. Era hermoso, hecho a mano, delicado, único. Adivinó…el juego completo cayó al suelo y se hizo añicos. Todos nos quedamos allí parados, mirándonos unos a otros boquiabiertos. Nuestro amigo comenzó a disculparse profusamente y, por supuesto, nosotros dijimos: "No hay problema". Pero cuando se marchó, lloré un poco.

Pobre hombre. ¡Se sintió tan mal! Y yo me sentí mal por él también...oh, esa sensación de estarse hundiendo.... Me pregunto cómo se sentiría Moisés. ¡Ay! Solo se habían caído (quiero decir, ¡había lanzado!) los Diez Mandamientos.

A pesar de todo, en Deuteronomio 10, el Señor lo arregla todo (el plan supremo para retomar el camino) y le dice a Moisés: "Lábrate dos tablas de piedra como las primeras, y sube a mí al monte, y hazte un arca de madera; y escribiré en aquellas tablas las palabras que estaban en las primeras tablas *que quebraste*; y las pondrás en el arca" (Deuteronomio 10:1-2, cursivas mías).

Así que aquí tenemos la segunda oportunidad suprema para este momento en la historia. Moisés ya había roto las primeras tablas de piedra. Ahora el Señor dice, en esencia: "Aquí hay unas tablas nuevas, justo como las primeras, ¡pero construye una caja para ponerlas de modo que estén seguras!"

Note que Dios no ignoró el hecho de que Moisés había cometido un error. Simplemente le dio una oportunidad para que saliera de su vergüenza y comenzara otra vez. ¡Ja! Dios es el Padre supremo en todas las épocas y ¡tan práctico! Pero me fascina el hecho de que Dios no haya destruido a Moisés, sino que le haya dado otra manera de hacer lo mismo una vez más. El corazón del Padre siempre tiene la intención de regresarnos al camino, un poco más sabios, e incluso agradecidos por tener otra oportunidad.

Líder, por favor, cuando vea personas que repetidamente escogen opciones que no son saludables, tenga la valentía de sentarse con ellos, dedicar tiempo a escucharlos y a mostrarles la preocupación amorosa del Señor por regresarlos al camino. En el marco del ministerio, cuando alguien resbala, dice algo alocado, comete un error musical, hablamos al respecto en un ambiente saludable, lo resolvemos rápido y restablecemos la confianza. Si los errores no se tratan rápido, un pequeño momento imperfecto puede convertirse en una espina enorme en el alma de la persona. Como suele suceder en la vida, los asuntos pequeños, cuando no se confrontan al comienzo, pueden volverse asuntos enormes que son más difíciles de tratar después.

No podemos cometer pecados más grandes que el amor de Dios

Y cuando alguien esté escogiendo opciones muy poco saludables que afectan su alma, su familia o su caminar con Dios, una vez más, encuentre la fuerza y el tiempo para hablar sobre el asunto y tenga un plan listo para ayudar a restablecer a la persona. Necesitamos corregir a otros sin minar su deseo de intentarlo de nuevo. Necesitamos enseñarles que nunca es demasiado tarde para comenzar a hacer lo correcto. Es por eso que coloqué el pasaje de 1 Corintios 13 al inicio de este capítulo. Incluso cuando nosotros fallamos...el amor nunca deja de ser.

No estamos aquí para juzgar, condenar, criticar y ni siquiera para saber los detalles, sino que estamos aquí para amar, animar, levantar, orar y apoyar cuando falta determinación. A Jesús se le llama la Roca, la roca de nuestra salvación, lo que significa que Él provee *estabilidad* cuando nuestras vidas se están tambaleando. Él provee la *fuerza* para levantarnos cuando hemos caído y hemos hecho el ridículo y hace nacer en nosotros la *determinación* cuando lo buscamos para obtener dirección. Al ser como Él, también podemos ofrecer la sensación de estabilidad cuando las tormentas de la vida están amenazando con derribar la vida de alguien. Nosotros también podemos auxiliar a aquellos que necesitan ayuda para levantarse. Y cuando otros han perdido su camino, podemos ser un faro para guiarlos con seguridad de regreso a Jesús.

El rey David, el gran adorador, cometió adulterio con Betsabé y luego hizo planes para matar a su esposo. ¡Yo diría que eso es un gran fracaso! Pero cuando David se humilló a sí mismo, se arrepintió de sus pecados y buscó purificar su corazón, Dios oyó su lamento. Y lo que es más, el gran guerrero adorador se reveló como un "hombre normal" que necesitaba a Dios y aprendió a depender por completo de Él. A pesar de ello, David tuvo que sufrir las consecuencias de esa época nefasta en su vida, pero la historia del amor redentor de Dios y del corazón de David hacia Dios es lo que más recordamos acerca de su vida. Lucas 7:47 nos dice que la persona a la que mucho se le ha perdonado mucho

Incluso cuando nosotros fallamos...el amor nunca deja de ser. ama y nadie pudo haber amado más a Dios...solo tiene que leer los salmos para darse cuenta. Estas canciones de adoración nacieron de una vida que atravesó el valle de sombra de muerte y aprendió a confiar tanto y a ser tan transparente ante Dios que Él lo llamó un hombre conforme a su corazón. Los salmos son un testimonio perdurable para usted y para mí y para aquellos a quienes guiamos de que el amor de Dios nunca deja de ser.

Primero de Samuel 16:7 afirma que "Jehová no mira lo que mira el hombre; pues el hombre mira lo que está delante de sus ojos, pero Jehová mira el corazón".

Mire, Dios busca arrepentimiento, lo que trae como consecuencia un cambio verdadero. El arrepentimiento es el reconocimiento de que estamos dispuestos a confiar en su carácter, recibir su amor y refugiarnos en la protección de ese amor, sin importar el costo que implique el cambio. Y su amor nunca fracasa en el intento de cambiarnos.

El amor triunfa sobre la derrota

El amor del Padre es tan increíble. Mi historia e imagen favorita del amor supremo se encuentra en la narración del hijo pródigo. Este hijo había desperdiciado su herencia viviendo perdidamente, había dado la espalda a su familia y había decepcionado a su padre, pero el corazón de su padre siempre estaba vigilante, atento y listo para la llegada de su hijo . Incluso antes de que el hijo llegara a casa, el amor de su papá ya se había tragado sus errores.

De la misma forma, el Señor nos vio desperdiciando nuestras propias vidas y vino para portarse con nosotros como este padre quien, incluso cuando el hijo todavía estaba lejos, lo vio, corrió hacia él y lo abrazó y lo besó. Era el hijo del chiquero, al que muchos no querían acercársele porque no podían soportar el olor hasta ver quién estaba detrás de él: un ser humano lleno de las promesas de Dios.

Pero el amor de su padre era demasiado fuerte como para dejar de ser. El hijo se para frente su papá con el hedor de las malas decisiones en todo el cuerpo y el padre lo viste con las mejores ropas, hace una fiesta y le da la bienvenida al hogar.

"Él miró más allá de mis errores y vio mi necesidad". Escribí estas palabras en una canción hace muchos años después de leer el Salmo 18. Pensar en el compromiso de Dios con nosotros me dejó estupefacta, su compromiso de responder a nuestro llamado y, cuando estamos en problemas, estar allí para ayudarnos.

A veces mueve el cielo y la tierra para intervenir; otras veces da las respuestas a través de personas ordinarias como usted y como yo. Si nos separamos de aquellos que se están alejando de la fe, juzgamos sus decisiones inmaduras y los desechamos cuando cometen errores, entonces no debemos llamarnos líderes. Cualquiera puede conducir a otros durante los buenos tiempos, pero los verdaderos líderes saben cómo conducir a las personas a través del desierto y mostrarles cómo permanecer firmes en los tiempos difíciles.

Es como la paternidad. El privilegio más maravilloso e increíble en este planeta es que se nos confíe la formación de estas pequeñas vidas. Pero también le puedo asegurar que es el trabajo más difícil, estresante y emocionalmente agotador que existe.

¿Cómo sabrán las personas que vale la pena seguirnos? Juan 13:35 explica: "En esto conocerán todos que sois mis discípulos, si tuviereis amor los unos con los otros".

Amor es una palabra grande, una palabra de acción, lo que significa que requerirá un esfuerzo de nuestra parte. Para Jesús, el amor significó sacrificio, así que no debe sorprendernos cuando aprendamos que guiar a la manera de Dios significa amar a la manera de Dios, la manera del sacrificio. Algunas de las personas que usted y yo amamos tienen el potencial de ser peligrosos para sí mismos, para usted, para su equipo y para la iglesia. Y no podemos hacer nada sin la sabiduría de Dios, ni siquiera amar. Pero podemos confiar en la Palabra de Dios y en el poder de la oración para mostrarnos cómo cubrirlos y ayudarlos para que obtengan la sanidad que necesitan. Tengo que admitir que me han sorprendido mucho las conductas "secretas" de algunas personas. Puede que Dios quiera que las acompañemos durante semanas, meses o años, o puede que quiera que los conduzcamos hacia uno de los servicios de la comunidad donde se ofrece ayuda profesional, ayuda que la iglesia no está equipada para proporcionar. Recuerde, usted no necesita tener todas las respuestas.

Aprenda a reír

A veces, amar a alguien que ha cometido un error simplemente requiere un abrazo, una risa y una respuesta del tipo "todo va a estar bien, amigo". La mayoría de las personas solo necesitan saber que nunca serán descartadas y que todavía pueden reír, incluso en medio del fracaso. Como líder, tener sentido del humor es una necesidad y si usted no lo tiene, es hora de comenzar a desarrollar esa parte de su personalidad. Esto hace que la vida sea mucho más fácil para todos. Incluso en la peor de las circunstancias, el sentido del humor puede ayudarnos a ver las cosas desde una nueva perspectiva. Considere la situación de Thomas Edison.

Cualquiera puede conducir a otros durante los buenos tiempos, pero los verdaderos líderes saben cómo conducir a las personas a través del desierto y mostrarles cómo permanecer firmes en los tiempos difíciles.

Conocido como el padre de la era de la electricidad, Edison conocía a Dios. Se cuenta que cuando el viejo laboratorio de Edison se incendió y se quemaron equipos que valían millones de dólares y el trabajo de toda una vida, llamó a su hijo y le pidió que buscara a su madre porque nunca tendría otra oportunidad de ver algo como eso. Más tarde, caminando entre las cenizas, le dijo: "Todos nuestros errores se han quemado.

Gracias a Dios porque podemos empezar otra vez". ¡Qué sentido del humor!

Durante los últimos años hemos trabajado muy cerca de Dave y Joyce Meyer, dirigiendo la adoración en algunos de sus eventos y proyectos de misiones. Consideramos esto como un gran honor. Son una pareja grandiosa y realmente son quienes parecen ser.

En cierta ocasión estábamos dirigiendo la adoración en una conferencia de los Meyer en Nashville y celebrando uno de esos encuentros asombrosos cuando uno siente como si estuviera viviendo el cielo en la tierra, con una libertad para adorar que produce un gozo y una apertura muy reales. Los miembros de mi equipo son parte de nuestra iglesia y han viajado conmigo durante tantos años que hemos desarrollado cierta confianza y coherencia cuando tocamos. De modo que, durante un momento crítico en una de las canciones, llamé a un cambio de tono (subir la nota), pero solo la mitad de la banda vio mi señal. La otra mitad no la vio. La música se escuchaba alta y confiada, y dirigiéndose hacia tal crescendo y... *#!*#! ¡Adivinó! Llegamos con la velocidad de un ciclón a un crescendo de confusión musical tocado con tanta confianza y volumen que ¡creo que incluso las estrellas en el cielo hicieron un pequeño ajuste!

Después de un momento para recuperarnos, nos reímos nerviosamente, dijimos adiós al Espíritu Santo (¡solo bromeo!) y seguimos tocando. Más tarde comenté: "Bueno, tal vez las personas no se dieron cuenta". Los miembros de la banda solo me miraron y dijeron: "Darls, ¡estamos en Nashville!" (Es la capital de la música en el mundo.) Y tristemente, gracias a los videos de MySpace, al instante muchos otros vieron nuestra debacle musical. (¡Al menos esos momentos tienen una poderosa forma de mantener nuestro orgullo a raya!)

A pesar de lo malo que fue ese incidente, con el pasar del tiempo, ¡solo es un mal recuerdo! Tiempo atrás, no creo que se hubiera salido de mi alma con tanta facilidad. Me hubiera torturado emocionalmente por no guiar bien a la banda y por decepcionar a las personas que nos habían invitado. Pero gracias a Dios por un poco de madurez, tiempo y sentido del humor.

¡Ahora puedo incluso escribir sobre ello, reírme y simplemente esbozar una sonrisa al ver qué sentido del humor el de Dios al querer usar mi vida para algo!

En una ocasión, estaba hablando en el Centro de Entrenamiento Billy Graham en Asheville, Carolina del Norte y, justo en el momento más crítico y apasionante, mi zapato se trabó en el dobladillo de mis pantalones vaqueros. ¡Sí, literalmente me caí de boca! La banda estaba sentada allí sin saber si reír o llorar cuando uno de los guitarristas se volteó hacia el director de producción y dijo, cito literalmente: "¿Debemos ir a ayudarla?" "No," respondió. "A ella no le gusta el alboroto. ¡Pero voy rápidamente a asegurarme de que esto se filmó!"

Nos reímos mucho esa noche (y lo mismo hicieron todos los que estaban allí). ¡De hecho puedo sentir otra vez la vergüenza mientras estoy sentada escribiendo sobre esto en mi computadora!

Esta clase de errores hieren nuestro orgullo en vez de nuestro futuro. De modo que como líderes, nuestra habilidad para levantarnos de nuevo y seguir riendo es la única forma de mostrarles a otros que ellos también pueden hacerlo.

Como líder he hecho elecciones incorrectas al poner personas en la plataforma a ministrar cuando las decisiones en su vida no estaban honrando a Dios. También he sido muy dura con la gente, exigiéndoles demasiado para que entren al servicio. Pero sé que siempre y cuando uno sea capaz de reconocer sus errores, pedir perdón y tener un corazón para reunir y no para condenar, siempre y cuando uno sepa que a Dios le interesa el corazón y no los dones, siempre y cuando uno esté buscando la inclusión y no la exclusión, entonces todo irá bien. Agradezcamos a Dios por la guía y el liderazgo, la enseñanza y la voz del Espíritu Santo. ¿Donde estaríamos cada uno de nosotros sin la amistad y el amor incondicional de Dios?

Primera de Pedro 4:8 afirma: "Y ante todo, tened entre vosotros ferviente amor; porque el amor cubrirá multitud de pecados". El fracaso no es el final cuando se cubre con amor.

"LA HISTORIA HA DEMOSTRADO QUE LOS GANADORES MÁS NOTABLES... GANARON PORQUE SE NEGARON A SENTIRSE DESANIMADOS POR SUS FRACASOS".

B. C. Forbes

VALOR ONCE:
¿BOTAR LO VIEJO?

El Dios de Israel ha dicho, me habló la Roca de Israel: Habrá un justo que gobierne entre los hombres, que gobierne en el temor de Dios. Será como la luz de la mañana, como el resplandor del sol en una mañana sin nubes, como la lluvia que hace brotar la hierba de la tierra.

—2 Samuel 23:3–4

Estas palabras de 2 Samuel fueron las últimas que dijo el rey David mientras se preparaba para la transición definitiva de su liderazgo. Mientras enfrentaba la muerte, lo vemos exaltando a Dios, edificando a la nueva generación y acentuando la importancia de ejercer el liderazgo con temor de Dios. Continúa diciendo que el tipo de liderazgo de Dios es siempre fresco y vivificante. David no tenía miedo de que alguien pudiera hacerlo mejor. Dios ha escogido al hombre correcto para esta época de la historia. Tanto David como su sucesor tendrían la misma manera de pensar, pero dirigirían de manera diferente. David había sido un hombre de guerra; Salomón sería un hombre de paz. David pasó su vida reuniendo y haciendo planes para construir el templo; Salomón llevaría esta idea al siguiente nivel y vería lo que David solo había vislumbrado. La transferencia de liderazgo en el caso de David no fue el final sino la continuidad de su influencia. Estaba transfiriendo lo viejo para hacerlo fresco y vivificante para la nueva generación.

El cambio puede ser difícil cuando usted está justo en medio del mismo.

"Fuera lo viejo, que entre lo nuevo", les dije en broma a varios de los chicos que habían sido miembros de nuestro equipo durante mucho tiempo. Todos nos reímos nerviosamente, pero aquel día salí de la iglesia con una vaga sensación de que Dios quería cortar las raíces de mis propias inseguridades. Al entregar mi liderazgo en la plataforma para dar lugar a otros, era fácil caer en la trampa de sentir que el nuevo equipo podía brillar más que el de nosotros. Nadie quiere sentir que puede ser remplazado con facilidad o que lo que ha dado lo echen a la basura. Dios, ayúdame. Perdóname.

Cuando comencé a hacer la elección de dejar morir de hambre mi carne y convertirme en la clase de líder que Dios deseaba que fuera, me di cuenta de que mi identidad no estaba en mi liderazgo sino en mi relación con Dios. También comprendí que, así como los buenos padres, los líderes enfocados en el reino desean más éxito para su descendencia espiritual que el que ellos mismos tuvieron. Los mentores vivificantes celebran cuando los más jóvenes brillan más que ellos. Como dijo Robert Townsend, el experto en administración: "El verdadero liderazgo tiene que ser para el beneficio de los seguidores, no para el enriquecimiento de los líderes".

Arraigue su identidad en Dios

La historia demuestra que muchos que se acercan a un cambio de temporada en el liderazgo no están lo suficientemente seguros de su propia identidad como para dejarse llevar y confiar que Dios los usará en una forma nueva. En vez de tener un enfoque en el reino para dar lugar a "nuevos seres", se ponen a la defensiva, se vuelven críticos y se sienten ofendidos. De modo que terminan saltando del barco demasiado temprano y ridiculizando el proceso, quejándose acerca de la manera en que la nueva generación trae el cambio.

Algunas personas se aferran a un título o a una posición durante toda su vida; de hecho se aferran tanto que sabotean sus propias vidas en el proceso. He visto personas que han salido de una manera tan dramática que no solo dañan a aquellos que todavía necesitan su guía sino que también sabotean su siguiente temporada de poder con Dios.

"El verdadero liderazgo tiene que ser para el beneficio de los seguidores, no para el enriquecimiento de los líderes".

Si está sintiendo los vientos de cambio en aquello que está liderando, mi consejo es que se asegure de que tiene su identidad arraigada en los propósitos y los planes de Dios, no en los suyos propios. Entonces tendrá la fortaleza para encabezar el proceso. Por favor, no salte del barco cuando vea a otros cuestionando el status quo y soñando con nuevas posibilidades. Muéstrese como un capitán lleno de gracia hasta que el barco se estabilice. Sí, lo nuevo lucirá diferente y sonará diferente de lo que usted ha conocido y preferido, pero eso no significa que sea menos sincero o que rinda menos honor a Dios.

La alteración en sus emociones puede ser un llamado a buscar al Señor y pedirle que sane las inseguridades en su propio corazón. Proverbios 1:33 afirma: "Mas el que me oyere, habitará confiadamente y vivirá tranquilo, sin temor del mal".

El enemigo se goza destruyendo el territorio del alma; y los pensamientos negativos acerca de uno mismo que no se enfrentan y se tratan, con el tiempo lo sacarán de su propia carrera. La Palabra de Dios nos exhorta a que "nos probemos" a nosotros mismos (1 Corintios 11:28). Es el privilegio del Señor quitar a un hombre y poner a otro. Pero Él no nos lanza a la basura como si fuéramos una ropa vieja. No, Él nos lleva "de gloria en gloria" (2 Corintios 3:18).

Tengo una amiga tan disciplinada con su guardarropa que cuando se trata de "botar lo viejo", si compra algo nuevo, *siempre* regala o bota aquello que está remplazando. Es una forma fantástica de mantener su casa organizada, ¡pero no sucede igual cuando se trata de personas! Cuando tratamos a la gente como si fueran mercancías, los dañamos y deshonramos a Dios.

Si la única vez que las personas escuchan de usted es cuando quiere algo de ellas, entonces no es extraño que le cueste trabajo reunir a la tropa. Ni usted ni yo podemos amar a aquellos que no conocemos o valoramos y el liderazgo que no se basa en el amor no perdurará.

Las personas necesitan que las cuiden y que alienten sus dones, talentos y habilidades para establecer nuevos contextos en la iglesia, no para promocionar al líder.

La fuerza y la belleza de la iglesia ha sido siempre su pasión para amar a las personas, para crear un sentido de seguridad y para brillar incluso en los lugares más oscuros. La iglesia se conoce por su diversidad, por su habilidad para abrazar a todas las personas. ¡Es única! Está presente en todas las naciones, tribus y lenguas, es una combinación de sabiduría y entusiasmo, experiencia y candor. Los más viejos hablan sobre la vida y la experiencia a los más jóvenes y estos traen nueva energía y entusiasmo, protagonizando un nuevo camino.

Convérselo

Cuando llega el momento de un cambio, de cualquier forma, modo o estilo, no tiene que haber derramamiento de sangre o un final abrupto que deja a las personas preguntándose qué paso y por qué. Es la falta de comunicación verdadera lo que deja a la gente en la oscuridad, provocando que sus corazones respondan con decepción y temor. Líderes, los animo a que mantengan la línea de comunicación abierta. Sean francos, honestos y dignos de confianza.

Entonces, hablemos sobre la comunicación. ¿Qué es aquello que no se debe decir?

Trate de sostener un matrimonio sin comunicación y no durará mucho tiempo. Trate de criar a sus hijos sin comunicación y obtendrá hijos cuyos años de formación de valores son el resultado de la voz que más alto habló en su mundo (que a veces es la televisión).

Usted no puede tener una relación viva y consistente con Dios sin comunicación y oración; terminará sintiendo que el cielo está demasiado callado.

Las transiciones sin problemas siempre dependen de un proceso y un lenguaje detallado.

Las transiciones sin problemas siempre dependen de un proceso y un lenguaje detallado. Dios le ha dado tal prioridad a la comunicación que se refiere a sí mismo como la Palabra.

Y los héroes de la fe también comprendían la importancia de la comunicación. Deuteronomio 33 narra la historia de los últimos días de Moisés. Cuando se dio cuenta de que esa sería la última oportunidad de comunicarse con el pueblo que había guiado durante tanto tiempo, pronunció bendiciones absolutas y sinceras sobre ellos. En el versículo 6 comienza a nombrar las tribus y pasa sus últimos momentos en esta tierra hablando sobre el futuro de ellas, declarando la Palabra de Dios y el corazón de un padre sobre cada una. No se guarda nada a la hora de expresar su amor por Dios y por las personas.

El liderazgo se trata de dejar un ejemplo, una visión, una esperanza y un legado. No es solo hablar, sino vivir lo que se habla. Moisés fue tan amado que después que murió en la tierra de Moab, las personas lloraron su partida durante treinta días.

Hable grandezas y verá grandezas

Fue cuando comencé a hablar y a invertir en la vida de otros cuando empecé a cambiar mi propio discurso. A medida que pronunciaba bendiciones y visiones sobre el futuro de otros, me encontré a mí misma levantando la barrera para hablar acerca de mis propias visiones y sueños y llevarlos al reino de lo posible. Esto requirió un ajuste interno y una mayor confianza en Dios, pero ahora, aquello que parecía imposible cuando recién comencé, se ha hecho posible y me encuentro lista para extenderme aún más. Creo que la razón por la que a menudo nos estancamos es

Necesitamos hablar sobre los milagros, no solo soñar con ellos.

que olvidamos nuestra necesidad de botar lo viejo y abrazar lo nuevo.

Un líder cristiano me dijo en cierta ocasión: "Bien hecho, Darls. ¡Mejor que sea usted quien cambie y no que alguien la cambie a usted!" ¡Amén a eso!

Entonces como líderes, muy a propósito, necesitamos comenzar a utilizar nuestro propio idioma y hablar con más energía sobre las soluciones y no sobre los problemas. Necesitamos hablar acerca de liderar naciones y no solo nuestras propias comunidades. Necesitamos hablar sobre los milagros, no solo soñar con ellos como un concepto para el futuro. Comencemos a disciplinarnos para vivir con un vigor y pasión renovados, usando aquello que Dios ha colocado en nuestras manos.

Eso fue lo que hicimos y no demoró mucho tiempo antes de que la atmósfera sobre nuestro equipo y sobre cada uno de nosotros como individuos comenzara a elevarse en todos los sentidos, ¡y ha sido algo tan contagioso!

La parte divertida de esta elección ha sido ver a otros entrar en este ambiente fresco y vivificante con el deseo de abrazarlo (esto es algo estimulante) y adoptarlo como su propia forma de transmitir la fe de una generación a otra.

Una de las grandes ventajas que tiene esta forma de pensar acerca de hacer espacio para lo nuevo es que definitivamente fortalece la voluntad de uno de lanzarse a aguas turbulentas e inexploradas. Pero la Palabra de Dios está llena de historias de hombres y mujeres ordinarios conscientes de sus propias limitaciones y que, a pesar de ellas, creían en la habilidad de Dios para usarlos en algo mayor. Llegaron hasta allí porque creyeron en la suave y tranquila voz que dice: "¡Puede hacerlo!", incluso cuando todas las evidencias demuestran lo contrario. Y es así como llegaremos allí nosotros también.

De modo que el legado de lo que no se ha hecho comienza por usted.

Anteriormente en este libro mencioné a mis abuelos. Ellos son cristianos devotos y apasionados, quienes a sus noventa años todavía sueñan, todavía viven independientes, todavía manejan (¡ahhh!) y todavía animan a todos sus hijos, nietos y bisnietos para que sigan el camino de Dios.

Mi abuelita tenía ochenta años cuando tuvo un encuentro con el Espíritu Santo que la cambió para siempre, a pesar de que tanto ella como el abuelo habían sido cristianos desde jóvenes.

Ahora se paran en la puerta de la iglesia a la que asisten cada fin de semana y ayudan a cuidar a los "ancianos". Todavía nos envían regalos por navidad y dedican tiempo a llamarnos donde sea que estemos para animarnos en nuestra fe y bendecirnos. Cada vez que llaman, hablan como si fuera la última vez que lo fueran a hacer y lo que más admiro es su compromiso de crear una transición sin problemas.

La última vez que Pop vio a mi segunda hija, Chloe, quien siente mucha pasión por la arquitectura, la abrazó y le dijo que, a pesar de que físicamente no iba a estar en la inauguración de su primer edificio, estaba muy orgulloso de ella. Qué hombre tan amable. No hay lamentos, no hay falta de amor cuando se trata de ayudar a definir los sueños de un joven, no hay comentarios negativos acerca del futuro y del mundo en que nuestros hijos están creciendo. Solo declaran la Palabra de Dios y sus promesas sobre nosotros y sobre todo lo que está en nuestros corazones.

Mi abuela tocó fielmente el órgano en la iglesia durante muchos años, pero cuando llegó el momento de dejar de hacerlo, dijo con mucha gracia: "Es el tiempo para los más jóvenes". Eso es generosidad en su máxima expresión. Se trata de que los ancianos amen a los jóvenes y se conviertan en el puente para sus sueños.

Sé que a algunos de los jóvenes de nuestro equipo realmente los anima el hecho de que yo los desafíe (que todavía dirija la adoración, escriba, sueñe y cree), pero más a menudo simplemente haciéndome a un lado y aplaudiendo a otros cuando toman su puesto de liderazgo. A veces he tenido que tragarme mi orgullo y enfrentar mis propios pensamientos en el proceso, pero el resultado final vale la pena.

Cultive raíces y alas

Cuando invertimos en otros a largo plazo, a lo largo del tiempo se desarrolla un maravilloso sentido de confianza y amistad. Tristemente, creo que muchas personas se pierden este regalo maravilloso porque no permanecen el tiempo suficiente o porque abandonan sus puestos a la primera señal de conflicto. ¡El conflicto es inevitable cuando vivimos rodeados de personas! Dios no nos creó para que fuéramos robots, sino seres humanos con pensamientos y sentimientos y con una necesidad de ser escuchados. Así que la conversación es vital. Las conversaciones amorosas no son el resultado de forzar nuestras opiniones sobre otros sino de morir a uno mismo y preferir a otros.

Mateo 5:9 dice: "Bienaventurados los pacificadores, porque ellos serán llamados hijos de Dios".

Comprendo que las personas necesitan avanzar. Irse puede ser algo saludable, pero cuando la salida se debe a conflictos sin resolver, los problemas simplemente se van con nosotros.

Siendo honesta, me fascina el hecho de que haya podido ayudar a alguien a desarrollar sus alas para que vuele, porque al hacerlo el reino de Dios se multiplica y se fortalece. Y es maravilloso saber que he jugado un papel al dejar espacio para que otra persona ejerza el liderazgo. Sin embargo, eso no significa que no haya tenido mi porción de dolor. En ocasiones he suplicado, desafiado y tratado en mis propias fuerzas de crear un sentido de valor en aquellos que yo sabía que tenían el potencial para ejercer el liderazgo pero cuando no sucedió a su forma o en su tiempo, simplemente se fueron.

A veces las personas pasan bien a través de las transiciones; a veces no. Al final, es su propia decisión, su propia elección. Como líder, usted solo puede hacer una parte. Todo bajo el cielo tiene un tiempo y una temporada, pero algunas personas carecen de la sabiduría suficiente para discernir sus temporadas.

De veras pienso que, a corto plazo, es mucho más fácil simplemente alejarse y convertirse en uno de los "incomprendidos" que soportar el proceso de convertirse en uno de los pilares de fortaleza que termina el viaje a pesar del costo.

Enfóquese hacia delante

Hasta la fecha he amado mi propio viaje (en su mayoría), pero me emociona el hecho de ver que lo nuevo parece caminar sobre el agua.

Esta nueva temporada está a punto de ver a la humanidad quebrantada restablecerse y tengo ese pensamiento tan vivo dentro de mí que es como si toda la temporada anterior hubiera sido simplemente una preparación para la siguiente. Esto es bueno y poderoso.

En lo profundo de mi corazón he orado a lo largo de los años para que el Señor me dé una revelación de lo que significa servir a la nueva generación, no solo ser un líder o alguien a quien puedan imitar sino alguien que sirva en sus sueños, sus visiones y en sus nuevas maneras de hacer las cosas. Cuando veo personas a mi alrededor que tienen la mitad de mi edad, labrando y conformando las metas que Dios les ha mostrado, mi corazón se hincha y continuamente siento el reto de continuar soñando y creando, para no permitir que mis propios procesos se vuelvan viejos y nostálgicos.

Pero yo soy yo y usted es usted.

Así que permítame hacerle una pregunta:

¿Cómo le va en el asunto de hacer lugar para otros y dejar muchas de las cosas que solía hacer de modo que pueda avanzar hacia lo que tiene delante?

Una cosa que sé es que cuando me aferro a algo viejo, Dios no puede llenar mis manos con lo nuevo. ¿Por qué no abrir sus manos y levantarlas ante Dios en adoración? Cuando las abre dejando de aferrarse a lo "viejo," con toda seguridad Dios llenará sus manos y su corazón con algo nuevo que continuará dándole a Él toda la gloria.

No estoy diciendo que será fácil, pero puedo garantizar que no será

Las conversaciones amorosas no son el resultado de forzar nuestras opiniones sobre otros sino de morir a uno mismo y preferir a otros.

tan difícil como cree. John Maxwell me decía en una conversación reciente: "Si nuestro tema más actual es el ayer, entonces estamos en problemas". Mmmm. Pronunciemos un Selah sobre eso...

"LA **VIDA** NO PRESENTA UNA **RESPONSABILIDAD** MAYOR NI UN **PRIVILEGIO** MAYOR QUE EL DE EDUCAR A LA **SIGUIENTE GENERACIÓN**".

C. Everett Koop

VALOR DOCE:
LAS PERSONAS

*Jehová es el que hace justicia y derecho a todos los
que padecen violencia... Sobre los que guardan su
pacto, y los que se acuerdan de sus mandamientos
para ponerlos por obra.*

—Salmo 103:6, 18

Uno de los comentarios más grandes de mi abuelo
es este: "Cuando miro hacia atrás y veo todos los
giros y los cambios en mi vida, lo inesperado, lo
bueno y lo malo, ahora puedo ver la mano de
Dios en todo". Eso es perspectiva. (Sí, estos son
los mismos abuelos que nos enviaron a Mark y a
mí una tarjeta en nuestro vigésimo aniversario de
matrimonio que decía: "Felicitaciones... y no se
preocupen, ¡los primeros veinte son los peores!"
Hmmm. (Más perspectiva).

Aprender a confiar en Dios en medio de todos
los giros y cambios de la vida es, sin lugar a dudas,
una fortaleza que crece a medida que caminamos
con Dios. Y el deseo de mi corazón en este capítulo
es recordarle que Dios es un amante de las personas.
Todo su enfoque y atención está en las personas, y no
solo en las otras personas, sino en *usted*. He incluido a
las personas como un valor porque, como una de las personas de Dios, quiero que se enfoque en su valor, no solo
en el valor de aquellos a quienes lidera o sirve de mentor.
En esencia, escribí este libro para proporcionarle algunas

herramientas extra que le ayudaran en el período de transición que tiene lugar al ayudar a las personas a levantarse y tomar su lugar. Pero si, de hecho, no puede ver su propio futuro poderoso adelante, podría terminar sintiéndose desplazado. Y esa no es la intención de Dios con usted.

Lo esperan puertas abiertas

Durante las muchas conversaciones que he tenido con líderes en transición, me he dado cuenta de que dejar ir el pasado puede ser muy difícil, especialmente cuando hay cosas de las cuales se lamenta o cuando no está seguro de lo que le espera en el futuro. Ya sea que estemos aferrados al pasado por el temor o el fracaso, Dios tiene respuestas para nosotros en la Palabra.

Es probable que haya leído Jeremías 29:11 cientos de veces: "Porque yo sé los pensamientos que tengo acerca de vosotros, dice Jehová, pensamientos de paz, y no de mal, para daros el fin que esperáis". Esto es una promesa. Dios ya se encuentra en su próxima temporada, sosteniendo la puerta abierta y esperando que usted llegue. Puede que usted no sepa a dónde se dirige, pero Él sí lo sabe...y es en eso en lo que debe mantener su enfoque.

Filipenses 3:13 nos anima a enfocar todas nuestras energías en lo que está delante en vez de permanecer atascados y torturarnos emocionalmente por lo que está en el pasado. Se dice que el fracaso es como el fertilizante; ahora apesta, pero lo hará florecer más grande en el futuro.

El profeta Samuel aprendió esta lección. Había sido el encargado de ungir a Saúl y establecerlo como rey sobre el pueblo de Dios. Amaba al rey Saúl y estaba allí a cada momento para fortalecerlo, animarlo y ser su mentor. Sin embargo, cuando Saúl desobedeció a Dios y Dios lo rechazó por su falta de compromiso y de amor hacia el Él, Samuel fue enviado para profetizar que el reino le sería dado a alguien mejor. Samuel tenía el corazón destrozado. Había invertido tanto tiempo, esfuerzo y cuidado en su temporada de disciplinar a Saúl que no podía sobreponerse al dolor. Estaba atascado en el pasado, hundido en sus lamentos.

Pero Dios ya había estado en el futuro de Samuel, así que

le preguntó: "¿Hasta cuándo llorarás a Saúl, habiéndolo yo desechado para que no reine sobre Israel? Llena tu cuerno de aceite, y ven, te enviaré a Isaí de Belén, porque de sus hijos me he provisto de rey". (1 Samuel 16:1).

Y ahora escuchamos algunas de las excusas de Samuel para no continuar hacia delante:

> "Y dijo Samuel: ¿Cómo iré? Si Saúl lo supiera, me mataría. Jehová respondió: Toma contigo una becerra de la vacada, y di: A ofrecer sacrificio a Jehová he venido" (v. 2).

Note que Dios ni siquiera respondió al temor de Samuel de que Saúl lo matara. A Dios no le preocupaba que el pasado amenazara a Samuel; su deseo era que Samuel ganara una nueva perspectiva. Simplemente le dijo que fuera y le encargó lo que debía decir y hacer cuando llegara allí. Samuel ignoró su temor y, simplemente, continuó obedeciendo a Dios porque eso es lo que hace la fe.

Camine en un lenguaje de fe

La fe es el lenguaje que Dios contesta cuando el futuro se ve nublado y usted sabe que es imposible regresar. Así que hablemos sobre algunas formas en las que usted puede mejorar su lenguaje de fe y prepararse para la siguiente temporada.

Le sugiero que comience aplicando a usted mismo todos los valores de los que hemos hablado en los capítulos anteriores: cuidar su alma, soñar, escribir sus pensamientos, especialmente para animarse a sí mismo en el Señor. Dios mismo lo ha establecido a usted en Él, por su gracia y su poder.

Romanos 16:25-26 afirma: "Y al que puede confirmaros según mi evangelio y la predicación de Jesucristo, según la revelación

Dios ya se encuentra en su próxima temporada, sosteniendo la puerta abierta y esperando que usted llegue.

149

del misterio que se ha mantenido oculto desde tiempos eternos, pero que ha sido manifestado ahora, y que por las Escrituras de los profetas, según el mandamiento del Dios eterno, se ha dado a conocer a todas las gentes para que obedezcan a la fe". El Señor está garantizando la Palabra sobre su vida por fidelidad a su nombre y a su pacto. Su futuro está establecido. Dios está de su lado, abriendo un camino.

Pero ¿un camino adónde? Es cuando quedamos atrapados en una telaraña de preguntas que comenzamos a sumergirnos en pensamientos negativos. Olvidamos que lo que le interesa a Dios son las personas y no solo las otras personas; también se interesa en usted.

Durante mi propia temporada de transición, me senté con Isaías 61 y leí esa profecía para mi vida, en voz alta. La declaré sobre mi influencia y sobre mi tiempo, sobre las cosas inimaginables que había en mi corazón, pidiéndole a Dios que hablara conmigo, caminara conmigo y me diera su perspectiva de esta Escritura para mi vida.

Saqué un cuaderno nuevo, lo limpié bien y oré y escribí. El hecho de que estuviera en transición no era un misterio, pero salir bien de ella y con un propósito para el futuro era un misterio que aun no había sido revelado. Así que empecé a compartir mis preguntas con otras personas y aunque todas las respuestas eran bien intencionadas, eran muy diferentes. Eran las opiniones de las personas, no las de Dios, de modo que les faltaba la perspectiva omnisciente de Dios. Esa experiencia me enseñó que para pastorear bien a otras personas a través de la transición y más allá, tenía que escuchar a Dios mismo, realmente escucharlo y luego seguir su voz. Y me habló por medio de Isaías 61.

Dirección en la aflicción

Dios se interesa en las personas. Así que Isaías 61, el capítulo de "El Espíritu del Señor está sobre mí", se trata simplemente de las personas. Se trata de cómo el Señor usará a Jesús sobre usted y sobre mí para traer libertad a personas que están en esclavitud y para anunciar libertad a los prisioneros y para consolar a los abatidos y la lista continúa. El Espíritu del Señor nos ha ungido a usted y a mí para esta tarea, para esta temporada. Estamos capacitados, equipados, cubiertos con la habilidad de Dios y ungidos para la tarea en cuestión. Estamos ungidos para predicar las buenas nuevas. Dios nos ha enviado a los quebrantados para traer luz en la oscuridad, para consolar a los que sufren, para proveer para el pobre, para depositar coronas de belleza en aquellos que se sienten feos, para traer alegría y alabanza con nosotros que abiertamente muestren el esplendor del Señor. Dice que reconstruiremos ruinas antiguas y restableceremos ciudades en ruinas y que, al final, la justicia y la alabanza florecerán ante los ojos de todas las naciones.

Si lo que esta delante de usted luce sombrío, lamentable, o simplemente confuso, lea este capítulo de las Escrituras. Pídale a Dios que llene las cámaras de su corazón con un vigor renovado para cumplir el propósito divino en las vidas de las personas que lo están esperando en la siguiente temporada. El primer día que comencé a escribir, llené página tras página con mis pensamientos. Luego comencé a meditar y a orar acerca de aquello, pidiéndole al Señor que me diera a conocer las cosas que más complacían su corazón e impactarían a las personas ante su Reino.

Así que permítame volverme bastante vulnerable y dejarle echar un vistazo en lo que yo llamo mi lista de los "porque". Algunas de las cosas que están en ella quedaron más o menos así: El Espíritu del Señor está sobre mí *porque*...

- Tengo una completa convicción acerca de mi matrimonio y de lo que este significa para mí, para mi familia y para las futuras generaciones. Esta convicción moldea mis elecciones. No transigiré. Mark y yo estamos juntos en este viaje con Dios y nuestro matrimonio subirá y bajará solo de acuerdo al tono del factor "porque" en nuestras vidas.

- Tengo una completa convicción acerca de la crianza de nuestras hijas...y una vez más, esto dará forma a mis decisiones, evitará que transija y me ayudará a vivir una vida que vale la pena que otros la sigan. Las guiaré a que conozcan al Señor y su voluntad para sus vidas.

- Tengo una completa convicción acerca de la iglesia local y la adoración de Dios... de que la verdad y la creatividad resonarán desde la tierra en alabanza a Él... de que serviré en la casa del Señor todos los días de mi vida. No dejaré que otras cosas buenas me distraigan sino que solo su presencia me cautive y su presencia definirá mi vida, no las grandes oportunidades o las alabanzas de la gente.

- Tengo una completa convicción acerca de ofrecer soluciones a muchas personas inocentes alrededor del mundo que están muriendo de hambre, pobres y oprimidas, a los muchos huérfanos y viudas que están atrapados en guerras y en las consecuencias de estas, en desastres naturales y en situaciones más allá de su control. Llena mis manos con respuestas, Señor, y llena mi vida con influencia para producir cambios, ¡que sea hallada digna!

- Tengo una completa convicción acerca de guiar y liberar a la nueva generación, ¡mi papel dentro del marco del liderazgo estará comprometido a ver a otros volar! ¡Un nuevo día para el cuerpo de Cristo!

Lo voy a dejar ahí. El resto de mi lista es más personal, pero tal vez este breve vistazo lo motive a emplear un poco más de tiempo precioso a solas con el Señor de modo que pueda comenzar su propia lista. Esta lo ayudará mucho a poner su mirada en el futuro y a permanecer atento y enfocado. Me he dado cuenta de que cuando los vientos de la duda y la adversidad empiezan a soplar, puedo volver a ganar estabilidad y tensar mis velas cuando me acerco con confianza a mi lista de los "porque" y declaro la Palabra de Dios sobre la atmósfera de mi propio corazón.

Dios también tiene el rumbo suyo marcado, así que cuando comience a sentirse cansado, recuérdese a sí mismo que usted ha sido ungido para la tarea que lleva a cabo. Empiece a adorar y a orar, y alimente su amor por Jesús. Usted es las manos por medio de las que Él trabaja en la tierra. Así que recuerde, si su corazón no está lleno, sus manos se cansarán.

Selah.

El evangelio solo se trata de las personas…Dios amándonos a nosotros…sus hijos.

Sus hijos encontrándolo y amándolo a Él…

y sus hijos amándose unos a otros.

"Nuestras vidas deben ser un Aleluya de los pies a la cabeza".[1]

—Agustín

VALOR **TRECE:**
LA GENIALIDAD

No que lo haya alcanzado ya, ni que ya sea per-
fecto; sino que prosigo, por ver si logro asir aquello
para lo cual fui también asido por Cristo Jesús.

—*Filipenses 3:12*

La genialidad se encuentra en todas partes. De
modo que debemos preguntarnos: ¿Soy capaz de
reconocerla? ¿Y somos lo suficientemente seguros
como para liberarla en aquellos de los cuales
somos mentores? El columnista Gene Weingarten
de *The Washington Post* se preguntaba si la genialidad podría reconocerse en un ambiente común
que no estuviera preparado para recibirla. Así que
el 12 de enero del 2007, en medio de la agitación
de la mañana, convenció a Joshua Bell, uno de los
mejores violinistas del mundo, para que llevara a
cabo un concierto en la entrada de la estación del
metro L'Enfant en Washington, DC. Vestido con
jeans, una camiseta de mangas largas y una gorra
de pelotero, Bell evitó que descubrieran su verdadera
identidad. En vez de una vasija para propinas, colocó
la caja del violín en el suelo y echó algunos dólares
como carnada. Luego tomó su Stradivarius de un valor
de $3.5 millones y comenzó a tocar. Y puede creer que
en solo quince minutos, cámaras ocultas filmaron más de
mil personas que se amontonaron en el lugar para escuchar

al genio musical, ¡un hombre cuyos talentos pueden reunir más de $1,000 por minuto![1]

Los talentos musicales de Joshua surgieron a una temprana edad. Cuando tenía cuatro años, su madre se dio cuenta de que había coleccionado bandas de goma y las había estirado en las agarraderas de las gavetas del vestidor para imitar la música que su mamá tocaba en el piano. Su madre y su padre lo inscribieron en lecciones de violín e invirtieron en la compra de un violín hecho a mano, hecho de acuerdo a la talla de su hijo. Sus padres, ambos psicólogos practicantes, reconocieron su genialidad y le abrieron el camino a ella.

Abra sus ojos a la genialidad

Las oportunidades de encontrar genios en el medio en que se desenvuelve es muy alta. Me he sentado en algunos ensayos a escuchar algunas de las canciones nuevas escritas por estos hombres y mujeres más jóvenes ¡y he salido del edificio sorprendida por su excelencia! Cuando leo las letras que están escribiendo, me deleito en las obras de arte que están creando y veo un poco de las modas que están construyendo, ¡me siento inspirada!

Mire a su alrededor. La genialidad se encuentra en cualquier parte solo en espera de su momento para salir a la luz.

Romanos 1:20 afirma: "Porque las cosas invisibles de él, su eterno poder y deidad, se hacen claramente visibles desde la creación del mundo, siendo entendidas por medio de las cosas hechas, de modo que no tienen excusa". Las cualidades invisibles de Dios, su genialidad, pueden verse claramente, pero tenemos que detenernos lo suficiente como para mirar, escuchar, y pasar tiempo con aquellos a quienes Dios ha puesto en nuestro camino.

Veo la genialidad todo el tiempo en las personas que me rodean. La veo como un reflejo fiel de la naturaleza creadora de Dios, incluso cuando Él no recibe el reconocimiento. La veo en la arquitectura, la escucho en la música, la siento durante una película que conmueve mis emociones, la pruebo cuando como platos deleitosos y la toco cuando **Mire a su alrededor.** palpo telas y superficies exquisitas. **La genialidad se** Pero cuando veo la genialidad en la casa de Dios, las personas usando **encuentra en cual-** sus dones para expresar su devoción, **quier parte solo** llega a ser casi demasiado para mí, ¡porque es muy buena! **en espera de**

Tristemente, también he visto a **su momento** algunos que tienen tipo de genio entrar y salir de la iglesia, preguntándose si tienen **para salir a** algo con que contribuir. A alguno se les pasa **la luz.** por alto simplemente porque desarrollan su creatividad en formas que difieren del status quo y que tienen más intensidad de la que estamos acostumbrados.

Al tener genios en nuestro medio, tenemos que saber cómo salir de la rutina para escuchar la intensidad del pensamiento y para animar la pasión con un propósito definido. Y debemos dejar espacio para que el proceso de lograr el resultado sea diferente de los métodos que hemos usado en el pasado. Es algo difícil de hacer, valga decirlo, especialmente cuando uno se enfrenta a una forma más inteligente de lograr el resultado. Pero usted y yo debemos aprender que hay muchas maneras de lograr un gran resultado creativo. He descubierto que algo diferente es solo eso, diferente, no peor ni mejor, simplemente diferente.

Aprenda a ser bueno en amar lo diferente.

Como líderes tenemos que equiparnos para inspirar a aquellos que tienen grandes talentos en nuestro medio. De modo que si tiene problemas con esto, piense en el tiempo cuando sintió que Dios lo guiaba al lugar en el que se encuentra hoy, en el tiempo cuando su gentil pero persuasiva voz hacía un profundo eco en las cámaras de su corazón. Usted no hizo las cosas exactamente de la misma manera como otros las hicieron, sino que cuando Dios y los hombres pusieron la esperanza en su potencial, se sintió lo suficientemente seguro como para explorar lo "diferente" en usted. Ahora tiene el privilegio de reconciliar los corazones de las personas con el Padre de modo que ellos también se sientan seguros como para liberar la genialidad que llevan dentro, aquello diferente que Dios puso en cada uno de nosotros.

Aplauda lo "diferente" en otros

Moisés reconoció lo diferente en Josué. Moisés sabía que había llevado al pueblo tan lejos como podían ir bajo su liderazgo. Tenía la visión de la Tierra Prometida, pero la genialidad de Josué, lo "diferente" en él, sería necesario para cruzar y conquistar el nuevo territorio. Moisés pastoreó al pueblo *a través* del desierto; Josué los llevaría *dentro* de la Tierra Prometida y los ayudaría a poseerla.

Elías reconoció lo diferente en Eliseo. El Dios todopoderoso usó a Elías para confrontar a aquellos que adoraban dioses falsos; a través de él hizo milagros de justicia para establecer la verdad y el poder de Dios. Elías fue el pionero, el que abrió caminos para Eliseo. De modo que cuando Eliseo pidió una doble porción del manto de Elías, el terreno espiritual ya estaba preparado para dar lugar al siguiente nivel de milagros, aquellos de misericordia y gracia.

En la actualidad muchos líderes se sienten tan intimidados por el Josué y el Eliseo en medio de ellos que se les olvida quiénes fueron los que estuvieron en el monte con Jesús en la transfiguración...nada menos que Moisés y Elías (vea Mateo 17). Dios no olvida a aquel a quien establece, incluso cuando sus sucesores han tenido una doble porción de victoria. Otorga a una persona la genialidad para imaginar e iniciar la tarea; a otra le da la genialidad para completar la visión y establecerla para sus sucesores.

Cada uno de nosotros tiene una parte en la historia eterna que Dios está escribiendo. Y siempre que siento inseguridad sobre el pequeño papel que me corresponde, recuerdo algunos de esos momentos cuando el cielo intervino para cambiar el curso de mi vida, cuando el corazón de Dios resonó junto con el mío, poniendo mi pie en tierra sólida y estableciendo mi camino. No toma entonces mucho tiempo para que las inseguridades comiencen a desvanecerse a la luz de su verdad y de su gloria. Los héroes de la historia lo sabían muy bien. Ellos no consideraban que su pequeña pieza en el rompecabezas divino fuera insignificante. Mantuvieron el enfoque en Dios y se dieron cuenta de que su momento en la historia era solo una parte de la historia mayor. ¡Y nosotros también necesitamos recordar eso!

Hebreos 12:1-2 lo dice todo: "Por tanto, nosotros también, teniendo en derredor nuestro tan grande nube de testigos, despojémonos de todo peso y del pecado que nos asedia, y corramos con paciencia la carrera que tenemos por delante, puestos los ojos en Jesús, el autor y consumador de la fe, el cual por el gozo puesto delante de él sufrió la cruz, menospreciando el oprobio, y se sentó a la diestra del trono de Dios".

Avanzar hacia lo que no se ha hecho

Me encanta la historia acerca de Walt Disney, quien planeó y soñó con Disneyland y ni siquiera vivió para ver en lo que se ha convertido en la actualidad. No obstante, creo que sí lo vio. Lo vio en su mente, en su corazón y en cada huella digital que jugó un papel para lograr el resultado final. Habló sobre aquello, lo dibujó, hizo planes para su surgimiento, pero su legado más positivo acerca de lo que todavía no estaba hecho fue que lo que estaba en su corazón pudo completarse y llevarse al siguiente nivel en manos de otros.

Vemos esa misma transición de planificador de sueños a edificador de sueños en el caso del rey David y Salomón. David tenía en su corazón la idea de construir una casa donde descansara el arca del pacto. Pero Dios dijo que David no la construiría; había escogido al hijo de David para que completara la obra. David no se amargó ni se resintió por el hecho de que Dios hubiera escogido a Salomón. Aceptó la decisión de Dios y animó a Salomón: "Anímate y esfuérzate, y manos a la obra; *no* temas, ni desmayes, porque Jehová Dios, mi Dios, estará contigo" (1 Crónicas 28:20, cursivas mías). Eso me encanta. David le provee a Salomón la forma para hacerlo y, lo que es más importante, lo anima para que confíe en Dios, busque de Él y haga el trabajo.

Revise 1 Crónicas 28:9-10. Dice: "Y tú, Salomón, hijo mío,

reconoce al Dios de tu padre, y sírvele con corazón perfecto y con ánimo voluntario; porque Jehová escudriña los corazones de todos, y entiende todo intento de los pensamientos. Si tú le buscares, lo hallarás; mas si lo dejares, él te desechará para siempre. Mira, pues, ahora, que Jehová te ha elegido para que edifiques casa para el santuario; esfuérzate, *y hazla*" (cursivas mías).

Me gusta lo que dijo Thomas Edison: "La genialidad es 1 por ciento de inspiración y 99 por ciento de transpiración". Alguien puede tener un filón de genialidad y nunca usarlo. Por tanto, como David, necesitamos animar a aquellas personas de las cuales somos mentores para que permanezcan fieles a Dios, mantengan su corazón puro y trabajen para desarrollar su propia genialidad.

Y en el proceso, nosotros los líderes también debemos permanecer fieles a Dios, mantener nuestros corazones puros y trabajar en la edificación de las personas para los propósitos de Dios.

Me pregunto cómo responderíamos usted y yo si Dios nos dijera que debemos abandonar aquellas cosas que más queremos lograr. Me pregunto cómo responderíamos al escuchar que nuestros sucesores no solo llevarán nuestros planes al siguiente nivel sino que también aportarán cierta clase de genialidad al asunto que hará que la visión sea aun mayor en la temporada de la historia que ellos vivirán.

La asombrosa oración de David en 1 Crónicas 29 lleva la historia de su propia transición de liderazgo a un clímax de acción de gracias. Todo tiene que ver con el corazón. ¿Puede Dios confiar en su corazón lo suficientemente como para permitirle ser mentor de genios?

Discipular a los genios

Esto es lo que sucede con los genios y los superdotados: lo que ellos aportan es casi siempre tan fácil para ellos que no son capaces de explicar cómo lo hacen… ¡porque es un don! Su don les ha abierto un camino y todos nos quedamos tan cegados por el don que nos olvidamos del carácter. Algunas personas son geniales en un aspecto, pero no tiene madurez alguna en otro. Discipular a los genios puede ser un gran reto.

Para mí, pastorear genios, conducir a las personas a través del éxito, a través de decepciones a la hora de crear y esperar que el carácter se desarrolle a la par del don, ha sido uno de los más grandes desafíos que he enfrentado hasta el día de hoy. Escucho a algunos líderes decir que todos sus problemas se resolverían si tuvieran en su equipo "personas bien conocidas y muy talentosas". Pero me pregunto si son lo suficientemente seguros y tienen la confianza necesaria para pastorear y retar las áreas de sus vidas que necesitarán ser confrontadas.

Una y otra vez he escuchado historias acerca de la dificultad para convencer a los genios del deporte, de la música, a cualquier clase de genio, de que vengan a formar parte de la iglesia de la comunidad. El problema no está solamente en el hecho de que el genio pueda pensar que actúa de acuerdo a principios diferentes. No, el problema puede estar, como usualmente ocurre, en las fallas del liderazgo; líderes que se intimidan, que se encaprichan o que usan los dones de esas personas para reafirmar su propia posición dentro del grupo. Sé que estoy haciendo una declaración global pero, para ser honesta, he visto esta historia tantas veces que la excepción sería verdaderamente una excepción.

Así que terminamos viviendo con genios a nuestro alrededor, pero con la necesidad de líderes que sean lo suficientemente sólidos y generosos como para permitir simplemente que la excelencia brille a la vez que se fomentan las disciplinas fuertes, tales como hacer de la Palabra de Dios una prioridad y edificar una vida sólida dentro de la iglesia y la familia. Otra prioridad al ser un mentor de genios es guiarles a través del éxito si este tiene lugar y permanecer con ellos si no se produce. Si usted no los instruye como discípulos, ¿cómo cree que Dios puede confiarle el privilegio de traerlos para que formen parte de su equipo? Sería maravilloso si las personas superdotadas en su comunidad supieran que pueden venir a usted en busca del mejor consejo de parte de Dios porque usted se interesa más en su santidad que en su propio deseo de reconocimiento. Esa clase de liderazgo acabará con la autocomplacencia.

Tenga un corazón puro

Líderes, todos formamos parte de esta asombrosa carrera, corriendo en nuestros propios carriles, pero corriendo con un bastón que debemos pasar en la forma correcta al siguiente jugador. En mi carrera de relevo, quiero que el bastón que debo entregar al siguiente jugador en este "relevo de la vida" sea un bastón ardiente, lleno de vida, un bastón que represente milagros, un bastón que represente un viaje tallado con la fe, lleno de expresión creativa y abundante en esperanza y expectativas renovadas. No quiero entregar un bastón que esté cansado, agotado, desilusionado y resentido.

Hoy arranqué algunas pequeñas hierbas que estaban naciendo en mi jardín, ¡y me di cuenta de que, a pesar de ser tan pequeñas, ya tenían unas grandes espinas! Esto me recordó que Dios nos pide que seamos fieles a nuestro compromiso de mantener nuestros corazones puros, de modo que ninguna mala hierba de ofensa, celos u orgullo tenga la oportunidad de echar raíces en él o llenarlo de espinas.

Vamos líder, permanezca firme, hable con gracia y valor, libere a otros y confíe a Dios su propia vida.

Cuando la genialidad se presenta en su medio, es absurdo pensar que no hay cabida para todos o que su parte del viaje quedará minimizada por aquellos que han sido llamados a mayor escala. Aliente lo diferente en otros; no trate de controlarlo. Nuestro Dios es el Dios de la suma y la multiplicación... así que permítale que multiplique el manto suyo sobre otros.

Todas las cosas son posibles

Me acuerdo claramente del día cuando los australianos tuvimos el privilegio de escuchar la noticia de que nuestra nación tendría el privilegio de ser la sede de los Juegos Olímpicos en la ciudad de Sydney. Todos estábamos muy emocionados y la emoción fue aun mayor a medida que los planes para la construcción de estadios y grandes espacios deportivos se fueron dando a conocer a través de los medios de comunicación. Enseguida sentí que esos estadios con el tiempo se usarían para la gloria de nuestro Dios y que llegaría el día en que incluso se quedarían pequeños. **Aliente lo diferente** Todavía me asombra pensar en el hecho **en otros; no trate** de que podemos realizar un evento de adoración en un estadio. Cada vez que me paro **de controlarlo.** en uno de ellos, me maravillo preguntándome **(el párrafo)** cómo ha sido posible. Y el corazón de la iglesia también se anima al conocer que el Espíritu del Señor se está moviendo de una forma tan poderosa como para que su iglesia se muestre viva y saludable.

Pero usted sabe, para nuestros hijos esta magnitud es algo muy normal. Hablan acerca de llenar todos los gigantescos estadios de fútbol, no solo los estadios de treinta mil y cuarenta mil. No, lo que fue increíblemente grandioso para nosotros es solo el comienzo para ellos, y es entonces cuando vemos que el versículo de Efesios 3:20 cobra sentido: "mucho más abundantemente de lo que pedimos o entendemos"... tal es la naturaleza de nuestro Dios.

Bastante asombroso, ¿verdad?

Apocalipsis 15:3–4 revela la canción de los triunfadores y es mi oración que usted la escuche como un gran testimonio de todo lo que Dios ha hecho, está haciendo y hará:

"Grandes y maravillosas son tus obras, Señor Dios Todopoderoso; justos y verdaderos son tus caminos, Rey de los santos. ¿Quién no te temerá, oh Señor, y glorificará tu nombre? pues sólo tú eres santo; por lo cual todas las naciones vendrán y te adorarán, porque tus juicios se han manifestado".

Mire a su alrededor...¡La genialidad de Dios está en todas partes!

"Hay un genio en cada uno de nosotros".

—*Albert Einstein*

VALOR **CATORCE:**
CORAZONES DE CARNE

Oh hombre, él te ha declarado lo que es bueno, y
qué pide Jehová de ti: solamente hacer justicia, y
amar misericordia, y humillarte ante tu Dios.

—Miqueas 6:8

El gran amor de Dios alimenta nuestro ser. La Gran
Comisión alimenta nuestro quehacer.

¿Recuerda el día cuando le dijo que sí a Jesús?
¿Recuerda cuando convirtió su corazón de piedra
en un corazón íntegro, un corazón tan agradecido que habría hecho cualquier cosa y abría ayu-
dado a todo el mundo tan solo para complacer el
corazón de Dios? Ezequiel 11:19 afirma: "Y les daré
un corazón, y un espíritu nuevo pondré dentro de
ellos; y quitaré el corazón de piedra de en medio de
su carne, y les daré un corazón de carne".

Y así fue como comenzó *todo*.

Esto es…hasta que la vida comienza a pasar.
Entonces nos sobrecargamos con las preocupaciones
del diario vivir y los retos, angustias y obstáculos
que este trae consigo hasta que, de repente, Dios pasa
a un segundo lugar. Lenta y sutilmente nuestros corazones de carne comienzan a endurecerse y los queha-
ceres empiezan a alimentar nuestro ser hasta que nuestra
comisión se vuelve más importante que nuestro amor
por Dios. Con el tiempo nos volvemos humanos con corazones de piedra que solo hacen cosas en vez de seres humanos

con corazones suaves cuyas vidas están apartadas para Dios. Un corazón de piedra, así como sucede con un terreno pedregoso, produce pero no absorbe. Y el corazón que una vez el amor de Dios cambió se sorprende viviendo en una burbuja cristiana que permanece intocable por las cosas que tocan el corazón de Dios.

Los corazones de piedra son, a menudo, corazones que han sufrido heridas, sobrecargas y decepciones. Las paredes del corazón se han endurecido para evitar la absorción de más dolor y para preservar la apariencia de la vida. Al no haber lidiado con los problemas, estos corazones pueden volverse cínicos, desconfiados y capaces de ver necesidades acuciantes y no sentir nada. Incluso pueden vivir en continua violencia y no sentirse aparentemente afectados.

He visto niños que luego de haber perdido a toda su familia debido al genocidio en Ruanda, tienen que arreglárselas por sí mismos en las calles hasta que alguien venga a ayudar o llegue la muerte para traer alivio. Y ya que la muerte es su única esperanza en la vida, sus pequeños y hermosos corazones se endurecen ante la esperanza para poder enfrentar los problemas que traerá el mañana, si es que llega.

Qué tragedia. Sin embargo, nosotros tenemos el antídoto absoluto para la dureza del corazón, que simplemente se encuentra en buscar primeramente el reino de Dios para que su amor pueda derramarse a través de nosotros mediante el servicio a otros.

Corazones vivos

A un corazón displicente o inactivo nada le es más difícil que satisfacer las necesidades que hay a su alrededor y vivir para levantar las vidas de otros. Un corazón vivo en Cristo ve las necesidades y tiene que hacer algo al respecto. Un corazón vivo en Cristo es suave, sensible y obediente a la voz del Espíritu Santo. Un corazón vivo es peligroso para el reino de la oscuridad.

Un corazón vivo reconoce los cambios de temporada y se prepara bien para dichos cambios. Se alista para animar a otros que están deseosos de recibir vida. Es abierto y comunicativo, no se autoprotege ni manipula a otros. Un corazón vivo se honra con la presencia de Dios en él y cumple todos sus deseos.

El versículo que abre este capítulo, Miqueas 6:8, hace la pregunta: Entonces, ¿qué es lo que Señor *realmente* pide de usted? ¿Más sacrificios? ¿Más proclamaciones públicas de su devoción?

La respuesta es fuerte y clara: "solamente hacer justicia, y amar misericordia, y humillarte ante tu Dios".

"Hacer justicia" es hacer lo correcto ante Dios sin importar el costo que implique para uno mismo. "Amar misericordia" es negarse a juzgar a otros. Santiago 2:13 dice: "La misericordia triunfa sobre el juicio". La misericordia ama sin importar el sacrificio y responde ante el dolor humano. Y "humillarte ante tu Dios" simplemente significa que camine dependiendo de su voz, viviendo una vida "separada" para cuidar de las cosas que son importantes para Él.

Trabajar para el amor en vez de por amor es el resultado de convertir al yo en el dios de su corazón.

Así que cuando se trata del llamado y del propósito de Dios para cada una de nuestras vidas, el estado de nuestro corazón es fundamental en toda la historia. Porque si su poder no actúa en nuestros corazones, es muy fácil que nos volvamos inconscientes de las necesidades que nos rodean, o que están dentro de nosotros, de modo que simplemente viviremos una vida cristiana convencional o nos convertiremos en esclavos de una teología basada en las obras, lo que tal vez puede engañar a otros pero no impresiona a Dios.

Trabajar para el amor en vez de por amor es el resultado de convertir al yo en el dios de su corazón. Cuando el yo se exalta, usted vive para complacer a otros y sus acciones tienen la motivación de su necesidad de aprobación por parte de aquellos que lo rodean, en vez que las aliente un corazón que se desborda de amor hacia Dios y por una convicción para servir a Cristo independientemente del costo. Esta es una lección que cada uno de nosotros tiene que aprender en un momento u otro durante el viaje de la vida.

Los que llevan la carga de Dios

Una característica que me encanta de las nuevas generaciones es que no están dispuestos a invertir su tiempo en esfuerzos que no valgan la pena. Y me encanta lo que estamos viendo en iglesias alrededor del mundo: Hay una intensidad y una gran pasión por ver los resultados de los eventos misioneros en las vidas transformadas. Este esfuerzo para ayudar a los que sufren se está expandiendo como el fuego, a menudo encabezado por los cristianos jóvenes y radicales que se han puesto como meta vivir Miqueas 6:8.

Uno de nuestros amigos queridos es un joven llamado Hugh Evans, fundador de un gran movimiento de caridad que se llama Fundación Oaktree. Es una organización de ayuda y desarrollo dirigida en su totalidad por jóvenes voluntarios que tienen el compromiso de capacitar a comunidades en desarrollo por medio de la educación de una manera sostenible.

La meta de Hugh era entregar el liderazgo de Oaktree cuando cumpliera treinta y seis años. Y así lo hizo. ¡Extraordinario! Lo que es aún más impresionante es que todos los voluntarios también tienen menos de treinta y seis años. Hemos asistido a algunas de sus funciones y la pasión y la habilidad que tienen para alcanzar sus metas son asombrosas.

Y este es el clamor de los jóvenes en todas partes: quieren involucrarse en algo más grande que ellos mismos; quieren involucrarse en algo que contribuya a aliviar el sufrimiento humano, local y globalmente.

Paul O'Rourke, el presidente de Compassion Australia, escribe en el libro *Blessings of the Poor* [Bendiciones de los pobres]:

> Los pobres que conocen a Jesús son embajadores maravillosos de las cosas que tienen valor en el Reino de Dios. Confían en Jesús porque tienen que hacerlo; su propia existencia depende de su provisión. No los agobian las engañosas cargas mundanas del orgullo, la envidia y la autosuficiencia. Trabajan duro, se muestran agradecidos por lo que tienen y se enfocan en las cosas que son importantes: la fe, la familia y los amigos.

Los pobres me han enseñado muchas cosas, incluyendo humildad, dignidad, el sacrificio de la adoración, la fe, la esperanza, el gozo, la generosidad y el
contentamiento. He descubierto que nunca podremos
dar lo suficiente al pobre o a Dios.[1]

Pablo nos recuerda que a medida que el corazón de Dios
se revela a través de nosotros para traer alivio y respuestas al
mundo en desarrollo, también tenemos mucho que aprender de
aquellos que están sufriendo. El carácter se forja con más pureza
en el fuego que en los tiempos de placer.

Es esencial, por tanto, que cuando seamos mentores de las
generaciones más jóvenes, los ayudemos a ver lo que está pasando
en estas naciones desesperadamente necesitadas. Y hay muchas
formas de acrecentar su conciencia con respecto a aquellos menos
afortunados. Involúcrelos en donaciones a los programas de
misiones, envíe equipos a otros países para que trabajen en el
lugar, conéctelos con ministerios confiables, conviértalos en patro-
cinadores de niños a través de grupos de contactos o círculos de
amigos y enséñelos a orar siempre por aquellos que sufren o que
son perseguidos. Al final, les presentamos oportunidades para que
ellos participen y luego, simplemente, continuamos enseñando la
importancia de no solo hablar de las necesidades sino también del
compromiso de solucionarlas haciendo el trabajo.

Cuando ayudamos a otros, adoramos a Dios. La clave es mantenernos enfocados en el corazón de Dios de modo que nuestro
trabajo sea el resultado de nuestro amor desbordante por El.

La gloria pertenece a Dios

Nuestro Dios es el Padre por excelencia. Nunca viola nuestra
libertad para escoger, especialmente cuando se trata de la adoración. Él no necesita nuestra adoración, nosotros la necesitamos.
Es en la adoración donde lo encontramos. (Véase Juan 4:23). Y es
cuando nos volvemos transparentes y vulnerables en la presencia
del Todopoderoso que Él produce el cambio en nuestros corazones.
Durante años luché con una pregunta que inquietaba mi

El carácter se forja con más pureza en el fuego que en los tiempos de placer. Espíritu: ¿Para qué es el cambio? Y finalmente me sentí inspirada con una simple respuesta del Espíritu Santo: Nuestro cambio es para las personas. Toda nuestra adoración pertenece a Dios; toda la gloria pertenece a Dios y Él usa nuestras vidas, a medida que van cambiando poco a poco para convertirse en un reflejo suyo, para llevar su amor de muchas maneras a las personas en todo el planeta. Cualquiera que esté en el liderazgo tiene que aprender esto.

Una razón por la que muchos artistas, "musas", cantantes, actores famosos a nivel mundial, etc. tienen problemas en mantener su vida pública es que nuestros cuerpos humanos no fueron diseñados para recibir gloria. Nunca fuimos diseñados para recibirla, solo para darla a Aquel que sopló el aliento de vida en nosotros. Cuando usted y yo recibimos gloria y continuamos recibiéndola, con el tiempo destruirá nuestras almas.

La gloria pertenece a Dios pero su pasión no es recibir gloria. Ciertamente no está sentado en el cielo diciendo: "Sí, más gloria para mí, más gloria para mí". ¡No! ¡Mil veces no!

Su pasión es usted.

Su pasión soy yo.

Su pasión son nuestros vecinos, nuestros familiares, los niños sin hogar que duermen en las calles, las prostitutas que están tratando de ganarse la vida para mantener su adicción a las drogas con el objetivo de silenciar el dolor que quema dentro.

Nuestro Dios se apasiona por las personas.

Practique el cielo en la tierra

Jesús lavó los pies de sus discípulos. Sirvió a las personas con el objetivo de que estas se convirtieran en buenos receptores para que luego pudieran usar lo que recibieron para servir a otros. A menudo hablo sobre esa historia de Jesús lavando los pies porque demuestra claramente la forma como funciona la adoración. Cuando guiamos a las personas en la adoración, metafóricamente estamos lavando sus pies, aligerando sus almas sobrecargadas y señalándoles a Cristo a través de la fragancia apacible de nuestra adoración genuina.

Cuando Jesús se sienta en el pozo con la mujer quebrantada en Juan 4, está mucho más interesado en sanar el corazón quebrantado de la mujer que en proteger su propia reputación, o la de ella. Ella es samaritana, un grupo al que los judíos rechazan. Además, es una mujer y los rabíes nunca hablan con mujeres en público. Pero está sedienta y la vida de la que ha estado bebiendo no ha satisfecho su alma. De modo que Jesús le ofrece el agua viva que está a su disposición si bebe de su agua, que tiene el poder de sostenerla a lo largo de todos sus años, agua que limpia el corazón y lo purifica de adentro hacia fuera. Y este "encuentro con Dios" trae como consecuencia que ella deje su cántaro y que corra para contarles a otros. Una palabra de Jesús y las cosas que una vez nos importaron de repente dejan de tener valor.

La economía del cielo son las personas. Y cuando partamos de esta vida en la tierra, no podremos llevarnos con nosotros nada más que aquellos que han bebido de nuestra copa llena de agua de vida.

La Palabra dice: "Venga tu reino. Hágase tu voluntad, como en el cielo, así también en la tierra" (Mateo 6:10), de modo que lo valioso son las personas, pero la atmósfera es la adoración. Apocalipsis 14:2–3 nos brinda un pequeño anticipo de los sonidos del cielo, ¡donde con toda seguridad hay una adoración extrema! Y mi vena creativa se alimenta mientras me imagino y escucho esta escena que se despliega como una de las creaciones de efectos especiales de Spielberg:

"Y oí una voz del cielo como estruendo de muchas aguas, y como sonido de un gran trueno; y la voz que oí era como de arpistas que tocaban sus arpas. Y cantaban un cántico nuevo delante del trono, y delante de los cuatro seres vivientes, y de los ancianos; y nadie podía aprender el cántico sino aquellos ciento cuarenta y cuatro mil que fueron redimidos de entre los de la tierra".

Me encanta…el sonido de la alabanza como el estruendo de muchas aguas. Apocalipsis 5:13 dice: "Al que está sentado en el trono, y al Cordero, sea la alabanza, la honra, la gloria y el poder, por los siglos de los siglos". Ese es el sonido del cielo y debemos practicarlo aquí en la tierra.

Pero ¿cuál es el sonido de la tierra? Es un gemido, un lamento, un sonido hueco y desesperado, un sonido de tormenta que emiten aquellos que están quebrantados, esclavizados y afligidos. Es el sonido que le imploró al corazón de Dios que enviara a Jesús.

Existe una gran brecha, mi amigo, una gran división entre el sonido del cielo y el sonido de la tierra que parece imposible de salvar. Pero es justo allí en esa brecha donde descubrimos nuestro papel como la novia de Cristo. Nosotros somos los alimentadores, los triunfadores, las manos y los pies de Jesús enviados para construir un puente sobre la brecha, generación tras generación, los redimidos que van en busca de los no redimidos. Nosotros somos los constructores de puentes que conducen a las personas de la oscuridad a la luz, de la desesperanza al gozo abundante, del cautiverio a la libertad.

Nuestras vidas han sido levantadas para derrumbar las paredes de injusticia y ver el amanecer venir sobre nuestra tierra. Y nosotros los líderes necesitamos inspirar a otros para que sean el cambio que el mundo necesita.

Su vida es su adoración

Me apasiona mucho ayudar a otros en nuestro equipo a darse cuenta de que la adoración no es una actuación delante de los hombres; es volverse real y vulnerable ante el Señor. Nuestro Dios no está buscando la perfección en nuestros dones; está buscando autenticidad en nuestros corazones. Solo en un corazón que late para Dios podemos encontrar compasión verdadera, la señal de pare emocional a la que más respondió Jesús.

La historia del buen samaritano es otra de mis favoritas porque el buen samaritano levantó la vida de otro. Cuando vio a un hombre ensangrentado, golpeado y tirado a un lado del camino, se aseguró de curar su corazón quebrantado con cuidado, se aseguró de curar su cuerpo quebrantado con un lugar para recuperarse y se aseguró de brindarle sanidad total proveyendo para su futuro.

Vio la necesidad, respondió con gentileza y lo acompañó hasta que el hombre se recuperó. El Buen Samaritano dedicó tiempo de su día para ayudar a las personas, mientras que otros simplemente pasaron apurados. Un corazón apartado para Dios *no puede* pasar por alto la injusticia.

La economía del cielo son las personas.

Ser conocido como líder cristiano pero no ser conocido por el amor en su corazón es una farsa absoluta, pero que puede remediarse mediante el poder de Dios obrando en nosotros. No queremos ser simplemente cantantes de canciones sino también amantes de Dios. Queremos ser amantes tiernos que usamos toda nuestra vida, según entendemos lo que dice Romanos 12 acerca de la adoración, para decir:

"Oiga, esta injusticia se acaba conmigo".

Cuando Dios está vivo en nuestros corazones, todo lo que decimos y hacemos es adoración. Cuando aliviamos el sufrimiento humano, lo estamos adorando. Cuando renunciamos a nuestro derecho a tener razón, lo estamos adorando. Cuando seguimos su liderazgo, sin importar el costo, lo estamos adorando. Nuestra adoración es simplemente esto: hacer justicia, y amar misericordia, y humillarnos ante nuestro Dios. Y cuando lo hacemos…

El gran amor de Dios alimenta nuestro ser…

La Gran Comisión alimenta nuestro quehacer.

TÚ NOS HAS MOSTRADO
Letra y música de CompassionArt

VERSO 1:
Nos has mostrado, Oh Dios,
Lo que es bueno
Nos has mostrado, Oh Dios,
Lo que demandas
Has escuchado nuestras canciones
Cuánto anhelamos adorar
Nos has enseñado
La ofrenda que deseas

CORO:
Hacer justicia
(y) amar misericordia
(y) humillarnos ante ti, oh Dios

VERSO 2:
Nos has mostrado
las riquezas de tu amor
Nos has mostrado
tu corazón para aquellos en necesidad
Has abierto nuestros oídos
al lamento del pobre
Nos has llamado
a que seamos tus manos y pies

PUENTE:
A los oprimidos y los quebrantados
a la viuda y al huérfano
Permite que el río de tu justicia
fluya a través de nosotros

© 2008 GloWorks Limited for CompassiónArt (Registered with the UK Charity Commission number 1124708) Paul Baloche, Steven Curtis-Chapman, Stuart Garrard, Israel Houghton, Tim Hughes, Graham Kendrick, Andy Park, Matt Redman, Martin Smith, Michael W. Smith, Chris Tomlin, Darlene Zschech.

CompassionArt no está asociada ni afiliada, ni patrocinada o avalada por Compassion International, Inc. Compassion® es una marca registrada de Compassion International, Inc.

"QUÉ MARAVILLOSO ES QUE NADIE NECESITE NI UN SOLO MINUTO ANTES DE COMENZAR A MEJORAR EL MUNDO."[2]

Anne Frank

FINAL:
UN ESTUDIO DE LA DEVOCIÓN

Una perspectiva general de la adoración para la meditación y la enseñanza

Devoción: amor comprometido, dedicación, entusiasmo, fervor religioso, el acto de la devoción; ferviente amor y lealtad expresados a través del servicio, del sacrificio y de la sumisión.

Devoción es una palabra hermosa. Resbala por la lengua y, de hecho, encierra en ella la musicalidad de su significado. Pero la devoción no es solo una palabra que complace los sentidos, es una palabra que demanda más que una respuesta física o cognitiva, ciertamente requiere todo su ser, incluyendo *toda* su alma y corazón.

La devoción nace de la revelación: Dios revela a nuestros corazones su amor y devoción hacia nosotros de modo que nosotros podamos, a cambio, revelar nuestros corazones de amor y devoción a Él. Devoción es la reciprocidad del corazón. Es responder a una transacción divina que ocurre muy en lo profundo, que requiere que excavemos más profundo, que demos más de nosotros mismos, que demos toda nuestra energía y concentración a Él. Es una actitud de un corazón con un solo objetivo que dice: "Él está primero. Lo voy a magnificar por encima de todo lo demás". Es rendir los sentimientos, pensamientos y emociones a Él.

Y es la palabra *devoción* la que voy a aplicar a nuestro viaje de adoración, porque esta palabra describe con más claridad el viaje del corazón que es parte de la comprensión de un compromiso sincero de amar, servir y seguir a Cristo.

La adoración no puede restringirse a la música, o a los instrumentos, o a las descripciones del salmista, aunque todo esto forma parte de nuestro deseo de expresar amor a Dios por medio de las canciones. Sin embargo, cuando cantamos, nos damos cuenta de que Martín Lutero tenía razón cuando dijo: "Aquel que canta ora dos veces".

Más de cuarenta salmos nos exhortan a cantar a Dios, pues nunca lo alabaremos lo suficiente. Pero permítame conducirlo por una breve panorámica bíblica de la adoración: su intención, origen y propósito.

Una respuesta a su amor

Un pensamiento que me resulta incomprensible es que, aunque Dios está completo sin nosotros, haya elegido estar *incompleto* sin nosotros. Su amor por nosotros es tan profundo, tan eterno, tan abarcador que a pesar de que tiene el universo a sus pies, nuestras expresiones de amor por Él son lo que más deleita su corazón. Sabe todo acerca de nosotros: nuestros nombres, el color de nuestros ojos, el número de cabellos en nuestras cabezas, nuestros dones, nuestros talentos, nuestras esperanzas y nuestros fracasos…cada pequeño deseo y herida escondidos en nuestros corazones. Sí, nuestro Dios cuida de sus hijos y habita en nuestras alabanzas con toda la plenitud de su ser.

La adoración nace de la revelación del amor de Dios por nosotros; es una respuesta a la iniciativa de Dios. 1 Juan 4:19 dice: "Nosotros le amamos a él, porque *él nos amó primero*" (cursivas mías).

Antes de conocerlo, nos amaba. Antes de que lo llamáramos Señor, nos llamó a ser suyos. Nada, ni lo alto, ni lo profundo, puede compararse con el gran amor de Dios. Y con ese amor en mente, adoramos. Y nuestra adoración no es solo a través de hechos sino de canciones: de cantar la canción de los redimidos, la canción de nuestros corazones, uniéndonos al despliegue de canciones que se extiende desde el principio de los tiempos hasta ahora. Es la canción de los hijos e hijas de Dios tratando de expresar algo de la magnitud y de la maravilla de su gracia salvadora.

Una canción eterna

La adoración de Dios es por siempre y para siempre, extendiéndose desde el tiempo en que Adán y Eva y su familia al final de Génesis 4 se inclinan ante Dios en acción de gracias por recordarlos, hasta el momento cuando las estrellas de la mañana se unen en los coros en Job 38 y más allá. El rey David muestra su diligencia con respecto a la adoración en 1 Crónicas cuando reúne a todo el coro y a la orquesta para la adoración en el tabernáculo. Vemos a María cantando el "Magnificat" en Lucas 1 y Jesús canta un himno de alabanza con sus discípulos en Mateo 26.

La canción de Dios ha continuado a lo largo de la historia, el hombre derramando lo más profundo de su corazón, buscando a un Dios que envió a su precioso hijo Jesucristo, quien a través del poder de la resurrección de la cruz mostró un amor tan grande que dio solución a la separación de Dios y el velo que una vez nos separó de su presencia se rasgó de arriba abajo, abriendo un camino para que nosotros conociéramos a Dios a todo nivel. Primera de Pedro 1:6–9 dice:

> En lo cual vosotros os alegráis, aunque ahora por un poco de tiempo, si es necesario, tengáis que ser afligidos en diversas pruebas, para que sometida a prueba vuestra fe, mucho más preciosa que el oro, el cual aunque perecedero se prueba con fuego, sea hallada en alabanza, gloria y honra cuando sea manifestado Jesucristo, a quien amáis sin haberle visto, en quien creyendo, aunque ahora no lo veáis, os alegráis con gozo inefable y glorioso; obteniendo el fin de vuestra fe, que es la salvación de vuestras almas.

Aquello de lo que hoy somos parte ha estado construyéndose a través de las generaciones: la adoración verdadera que se produjo en la persecución y el dolor, refinada como el oro puro; y la canción continúa. Es la canción de fe, no de nuestros dones o habilidades, sino el sonido del Espíritu de Dios vivo dentro de nosotros lo que produce la canción, la voluntad y ¡el misterio vivo! Y a medida que lo buscamos y le damos la bienvenida entre nosotros, la evidencia sentida del Espíritu Santo en medio de nosotros continúa ganando relevancia, llamando a los perdidos a casa y avivando las brasas de los corazones que se han entibiado.

Su Espíritu tocando el nuestro

La trascendencia de su gloria y su presencia tiene un peso eterno e incalculable. De siglo en siglo, por siempre y para siempre, cuando su Espíritu toca el nuestro, se produce la adoración. Así es como Richard Foster lo describe:

> La adoración es nuestra respuesta a las muestras de amor del corazón del Padre. Su realidad central se encuentra "en Espíritu y en Verdad". Se inflama dentro de nosotros solo cuando el Espíritu de Dios toca nuestro espíritu humano. Las formas y los rituales no producen adoración, ni lo hace el desuso formal de formas y rituales. Podemos usar todos los métodos y técnicas correctos, podemos tener la mejor liturgia posible (una forma y un arreglo de adoración pública establecido por una iglesia o una religión), pero no hemos adorado al Señor hasta que el Espíritu toca al espíritu…el canto, la oración, la alabanza, todos ellos pueden conducir a la adoración pero la adoración es más que cualquiera de ellos. El fuego divino debe inflamar nuestro espíritu.[1]

La verdadera adoración se revela cuando declaramos el valor de Dios, *weorthscipe*, lo que en esencia significa "valor atribuido". *No es una expresión de devoción que puede entenderse completamente o que la mente puede contener*, a pesar de que esta verdad frustra a muchos creyentes que se sentirían más seguros si así fuera. Es una expresión que se libera a través del corazón, ya que nuestro lenguaje de acción de gracias y de adoración recibe una voz a través de esta puerta de amor.

La adoración comienza viviendo el amor

El Salmo 18 pinta un vívido cuadro de cómo el corazón de Dios se conmueve al ver las aflicciones y el dolor de la humanidad y cómo su amor por usted y por mí alimenta la motivación para todo lo que hace. Entonces, sin un cierto entendimiento del amor de Dios por usted, es difícil expresar una gratitud genuina. Así que más que tratar, tratar y tratar de amarlo más, la clave es simplemente meditar en su gran amor por usted. No pasará mucho tiempo antes de que adquiera un nuevo entendimiento de lo que significa en realidad "entrar por sus puertas con acción de gracias".

La mayoría de nosotros parecemos tener luchas con el hecho de recibir un amor que nos acepta como somos, que nos ama a pesar de nuestros defectos y que nos ama con la vida a pesar de que no lo merecemos. En este mundo que se basa en el desempeño, puede de hecho caer en la trampa de tratar de ser lo "suficientemente bueno" como para adorar. A menudo las personas dicen: "Simplemente no merezco este gran amor. No merezco que se derrame sobre mi vida". Y es cierto; no lo merecemos. Es el anhelo de Dios de estar con nosotros lo que inicia y perpetúa su amor incondicional hacia nosotros y lo que nos hace aptos para adorar.

Juan 1:14 afirma: "Aquel Verbo fue hecho carne, y habitó entre nosotros". No ganamos ni merecemos su comunión, pero somos amados y hemos sido declarados justos delante de Dios a través de la sangre de Jesús. Dios nos ve y nos conoce en la intimidad y, a pesar de eso, quiere estar con nosotros. Sé que cuando encontré la salvación, estaba totalmente envuelta en mi pequeño y muy desalentador mundo. No esperaba que Dios se mostrara. No me portaba perfectamente ni trataba de hacer cosas buenas con la esperanza de que un poder más grande que yo me aceptara. No, Dios me encontró y cuando lo hizo, yo lo encontré a Él. El resultado fue que mi pequeño mundo cambió para siempre.

Todavía me cuesta trabajo entender el poder que vive en mí, o por qué Dios me escogió. Pero lo hizo. Nos escogió a cada uno de nosotros. Luego llenó nuestros corazones con su presencia y su poder, el mismo poder que levantó a Cristo de los muertos. Imagínese.

De modo que la gracia guarda nuestros corazones y nos protege de nosotros mismos, la generación del "esfuerzo". Al estar tan desesperados por entenderlo, de hecho terminamos alejándonos bastante de donde la sencillez de la verdad nos pide que vayamos. Ninguno de nosotros podría ser alguna vez lo suficientemente bueno, inteligente, justo, o completo y ese es el motivo por el cual necesitamos un Salvador. Y a través de su gracia salvadora, nuestra respuesta en adoración es una sorpresa, pero de todo lo que experimentaremos en la tierra es lo que más se parece al cielo.

La adoración es una acción sobrenatural, la respuesta de lo creado ante su Creador. Isaías 43:6-7 dice que Dios nos creo para su gloria, no para la nuestra, para la de Él.

La adoración es una respuesta de fe, una respuesta a la revelación clara. Encierra muchas clases de devoción, desde las más sencillas hasta las más sublimes. La vida activa de un adorador se derrama de una manera sacrificial, comienza con la obediencia y se encuentra a sí misma en adoración y consagración. El adorador asume la posición de un servidor, con el corazón y las manos listos para hacer la voluntad del Padre. Juan 5:30 afirma: "No puedo yo hacer nada por mí mismo...no busco mi voluntad, sino la voluntad del que me envió, la del Padre". La adoración nos lleva a un lugar donde rendimos nuestros derechos y escogemos darle a Dios el control absoluto de nuestras vidas.

Comienza y termina con Él

La adoración, en todos los niveles, comienza y termina con Dios como la prioridad, Dios mostrándonos el corazón de amor del Padre hacia nosotros, Dios aconsejando, consolando y guiándonos por medio de la voz del precioso Espíritu Santo y Dios en la persona de Jesucristo, quien es nuestro mediador y el camino para llegar hasta el trono celestial. Todo se trata de Él y Él nos lo devuelve y entonces todo se trata de nosotros, de su Espíritu trabajando en y a través de nosotros de modo que podamos decir: "Yo soy de Él, y Él es mío".

A través de la adoración la humanidad entra en el universo espiritual que consiste en la proclamación incesante de la gloria de Dios. La creación siempre ha estado preparada y lista para deleitar el corazón de Dios.

En la adoración, recordamos constantemente la naturaleza siempre santa e inmutable de Dios y su poder para transformarnos a su semejanza.

Algunas de las verdades bíblicas acerca de la adoración a Dios:

- Todos adoramos (los antropólogos están de acuerdo con esto).

- El evangelio es un llamado a la adoración, a entregar nuestras vidas y tomar su cruz.

- Adoramos en el Espíritu de Dios y nos regocijamos en Jesucristo (Filipenses 3:3).

- La adoración involucra toda nuestra vida (Romanos 12).

- La adoración, cuando el cuerpo de Cristo la ofrece, ya sea reunido o diseminado, es un recordatorio continuo de nuestra historia compartida y de nuestra identidad en Cristo.

- La adoración es el futuro prometido de la tierra y el cielo. Apocalipsis 5:13 dice: "Y a todo lo creado que está en el cielo, y sobre la tierra, y debajo de la tierra, y en el mar, y a todas las cosas que en ellos hay, oí decir: Al que está sentado en el trono, y al Cordero, sea la alabanza, la honra, la gloria y el poder, por los siglos de los siglos".

- La adoración es tan valiosa que la batalla por nuestra adoración es constante, incesante. Satanás intenta atraer a Jesús con palabras astutas y vacías cuando dice en Mateo 4: "Inclínate y adórame". Jesús, por supuesto, obtiene la victoria final, pero cuando usted es vulnerable, esté alerta. Es entonces cuando el enemigo viene a desafiar su pasión por Dios y a ofrecerle algo a cambio. En Isaías 14, Satanás dice: "Subiré al cielo; en lo alto, junto a las estrellas de Dios, levantaré mi trono". Es la antigua historia del orgullo.

- La adoración identifica el reino al que usted pertenece.

Al final, todo se trata del amor, primero el amor de Dios hacia nosotros y nuestra respuesta de amor hacia Él. Es fácil cantar acerca del amor, compartirlo, hablar de él, ¡pero recibirlo gratis hace estallar nuestra mente! Es el amor lo que hace posible que confiemos en Él en oración y la intimidad que se establece a través de la oración es lo que hace que el corazón responda en adoración.

La oración espontánea

No hay oraciones como las oraciones que se ofrecen en adoración.

1 Tesalonicenses 5:17–18 nos dice: *"Orad sin cesar. Dad gracias en todo*, porque esta es la voluntad de Dios para con vosotros en Cristo Jesús" (énfasis añadido).

Apocalipsis 5 describe una escena en el cielo donde los ancianos están sosteniendo un arpa (que representa la adoración) y todos tienen también copas de oro llenas de incienso, que son las oraciones del pueblo de Dios. Me encanta esta escena de oración y adoración ante Dios, canciones que se cantan en el cielo para declarar su majestad y su reino y la victoria que Él ha ganado sobre cada necesidad.

Algunas personas oran confiadas en voz alta, sin pensar en quién los está escuchando. Otros ofrecen sus oraciones en susurros y en momentos de silencio total. Muchas oraciones se recogen en música y melodías que permiten al que está orando identificarse completamente cuando tal vez de otra manera podría serle más difícil entrar en la presencia de Dios. Nunca subestime el poder de sus oraciones. Comprométase a levantar un poderoso ejército de guerreros que oren la Palabra y canten con claridad y convicción.

Oro para que una revelación del amor de Dios inunde su corazón y su vida y con esa revelación vendrá un incesante y ardiente deseo de ver a otros recibir también esta revelación de amor. La adoración nos lleva a un nivel completamente nuevo cuando nos convencemos verdaderamente que somos amados. El resultado de ser amados es la confianza en Cristo y en su poder para formar nuestro carácter, nuestro lenguaje, nuestra conducta, nuestras canciones, nuestro tiempo, nuestros talentos y nuestras pasiones.

Dios ve el amor, no el método

Por desgracia, todos nosotros tenemos la capacidad de transformar nuestra convicción acerca de lo que significa servir y adorar a Cristo en nuestra propia teología personal, de modo que descartamos o juzgamos a otros por servir y adorar al Señor en formas que no satisfacen nuestras expectativas.

Los métodos, las habilidades, las técnicas comprobadas, nada de esto ocupará jamás el lugar de un encuentro con Dios, ¡no es posible y nunca sucederá! La verdad es que la Palabra está llena de retos y de ánimo para confiar en el Señor con todo nuestro corazón y el resto, los sonidos, el estilo, las preferencias musicales, etc. puede y debe transformarse y cambiar a medida que cada generación trae una nueva canción y una nueva tela al rico tapiz tejido a lo largo de las generaciones en esta esfera del reino.

Al acercarnos al final de este libro, por favor recuerde permitir que su vida se revista de poder y se motive por el gran amor de Dios hacia usted y que obra en usted. La Madre Teresa dijo: "No es lo que hace, sino cuánto amor pone en ello lo que importa".

A medida que guiamos y animamos a todos aquellos que vienen detrás de nosotros, recuerde que es al amar cuando más nos parecemos a Cristo, porque…Dios es amor.

La devoción no es solo adoración, música, ofrendas, justicia, canciones, himnos o coros; es responder al amor que hemos recibido con un amor que se alza hacia Él, se extiende hacia otros y hacia dentro de nosotros mismos.

La Palabra dice que toda la ley se puede resumir en un mandamiento: Amar a otros como a uno mismo (vea Mateo 7:12).

Juan 3:16 nos dice: "Porque de tal manera *amó* Dios…que dio" (énfasis añadido). El amor vivo es un poderoso concepto salido del corazón de Dios y si lo comprendiéramos, si en realidad lo comprendiéramos , *oh,* ¡eso sería una revolución!

Un legado de amor

Amor significa legado. Sin amor, simplemente existimos y no podemos reproducir lo que no tenemos dentro de nosotros. La adoración sin amor es solo música; las relaciones sin amor son solo adquisiciones; las congregaciones sin amor son solo clubes; los equipos de adoración sin amor son solo bandas; las canciones sin amor son solo tintineos. El amor es el ingrediente que lo cambia todo. Un problema que se enfrenta sin amor termina en una guerra; una búsqueda de Cristo sin amor termina en religión; la riqueza o la herencia ganada sin amor termina en avaricia.

El amor es el ingrediente que lo cambia todo.

¿Necesita un cambio? Reciba su amor. Por favor, sepa hoy cuán amado es. Incluso si no lo siente, no puede cambiar el hecho de que lo es, así que viva de esa manera. Vivamos como amados, guiemos como amados y sirvamos como amados, y con fortaleza y gracia, transmitamos todo lo que conocemos a la nueva generación.

Permítame terminar con una historia:

Hace muchos años, durante mi primer viaje a Ruanda, regresé al hotel luego de un largo día en el campo. Mi corazón estaba quebrantado y adolorido por la frustración, sin saber cómo hacer más pero sabiendo que tenía que hacerlo. Debió haberse corrido el rumor de que estábamos en ese hotel, porque la habitación estaba llena de huérfanos que ahora eran adultos jóvenes, obviamente cristianos que amaban la adoración pero que habían tenido vidas difíciles. Niños criando a niños.

Las palabras resonaban en el vestíbulo: "Mamita, Mamita" y aquellos niños se apiñaban a mi alrededor, tocándome, abrazándome, llorando: "Mamita, viniste". De alguna manera, la música de nuestra iglesia había llegado a ellos hacía muchos años, trayendo consuelo y fortaleza y una sensación de seguridad. En conversaciones posteriores compartieron cómo, cuando estaban buscando una mamá (o mamita), yo les cantaba y desde aquel entonces siempre les cantaba para dormir, enseñándoles la Palabra de Dios y hablándoles palabras de vida.

Me sentí desafiada y humilde ese día y sentí una profunda determinación en mi espíritu a medida que me daba cuenta de que cada elección que usted y yo hacemos tiene la posibilidad de influenciar a la nueva generación de una u otra manera, ya sea de cerca o de lejos.

Si pudiera pararme en frente suyo ahora, me despediría diciendo cuánto le amo y creo en usted y, lo que es todavía mayor, cuánto le ama y confía en usted el mismo Dios. Con amor recibido y amor para dar, entreguemos esta parte del tiempo que Dios nos ha confiado con gracia y fortaleza y transmitamos todo lo que sabemos a la nueva generación. La humanidad cuenta con ello.

Con todo mi corazón,

Y a Aquel que es poderoso para hacer todas las cosas mucho más abundantemente de lo que pedimos o entendemos, según el poder que actúa en nosotros, a él sea gloria en la iglesia en Cristo Jesús por todas las edades, por los siglos de los siglos. Amén.

—*Efesios 3:20–21*

GRACIAS...

A mi esposo, Mark, sirviendo a Dios juntos para siempre, ¡qué viaje, querido! Te amo completamente. Gracias por tu liderazgo leal y santo en nuestro matrimonio y en nuestro hogar. Tú hiciste posible que "seguirte" se convirtiera en un gozo y una aventura y ¡estoy lista para lo que sea que el resto de nuestros días nos deparen! xx

A mis hermosos y generosos hijos y familia: Gracias por animarme en cada empresa... Tengo la bendición de ser de ustedes y amarlos tanto.

A nuestra familia y amigos, pastores y mentores muy, muy queridos de la Iglesia Hillsong: Durante muchos años me ha sobrecogido cada parte de nuestra iglesia: el pasado, el presente y el futuro. Gracias por el gozo de poder hacer vida dentro de la familia de la iglesia. Y a nuestra nueva familia de la Iglesia Hope Unlimited... nos honra el ser llamados sus pastores y creemos a Dios al afirmar que en esta experiencia viviremos los mejores días de nuestras vidas.

Al equipo en los medios de difusión 4B y en la Oficina de The Hope: Deb, Margie, Jared, Caisha, Michelle y Rachel... Andrew, Josh, Markus y el equipo en el Estudio The Grove... oh! ¡El viaje es increíble!

Gracias por sus corazones dispuestos y por su pasión para brindar respuestas al sufrimiento humano. Por la gracia de Dios, este es solo el comienzo.

A los siempre pacientes Camille y Miffy... ¿Qué podemos decir a las mujeres que nos ayudan con la edición, oran por nosotros, nos cubren y nos hacen sonar mejor de lo que somos? Chicas, por siempre les estaré agradecida... muchas gracias.

Para todos nuestros amados amigos: Cada día agradezco a Dios por ustedes... ustedes hacen mi corazón sonreír... gracias por su paciencia.

Y gracias al pastor Brian Houston, al pastor Tommy Barnett, a Joyce Meyer, al pastor Bill Hybels, a John Maxwell, al pastor Jack

Hayford, a Graham Kendrick y a los muchos líderes que inspiran y motivan nuestras vidas. Mark y yo les estamos eternamente agradecidos.

Y gracias, Señor, por salvarme, restaurarme y por llenar mi vida con una nueva canción para declarar por siempre tu valor. Toda la gloria, todo el honor, todo el poder y toda la alabanza sean para ti por siempre y para siempre.

Notas

Valor uno: Tiempo de crecer
1. Robb Report, revista *Worth*, Sandow Media, New York, Feb. 2004.

Valor dos: Ánimo
1. Stuart Garrard, Tim Jupp, Martin Smith, Stewart Smith, y Jon Thatcher, "Our God Reigns", Curious? Music, West Sussex, UK, 2005.
2. John O'Donohue, *Eternal Echoes*, HarperPerennial, New York, 2000, 62.

Valor tres: Sueños y visiones 20/20
1. Henry David Thoreau, *A Week on the Concord and Merrimack Rivers*, Dover, 1849, New York, 149.

Valor cuatro: Energía
1. Chris Tomlin, "God of This City" [Dios de esta ciudad], Passion Worship Band, 2008.
2. Norman Vincent Peale, *The Power of Positive Thinking*, Ballantine Books, New York, 1982, 35.

Valor cinco: El apretón
1. Peter y Catherine Marshall, *The Prayers of Peter Marshall*, McGraw Hill, New York, 1955.

Valor seis: Puertas abiertas
1. Eugene H. Peterson, *Una obediencia larga en la misma dirección*, Patmos, Miami, FL.
2. John Wesley, declaración conocida como: "La regla de Wesley".

Valor siete: La excelencia
1. Oren Harari, *The Powell Principles: 24 Lessons from Colin Powell*, McGraw Hill, New York, 2003, 14.

Valor ocho: La humildad
1. C. S. Lewis, *Mero cristianismo*, Rayo, 2006.
2. Richard Foster, *Celebración de la disciplina*, Peniel, 2009.

Valor nueve: Más grande que la adversidad
1. Charles H. Spurgeon, *El tesoro de David*, vol. 2, Clie, 2003.
2. S. W. Christophers, *Hymn-Writers and Their Hymns*. Letra de Martín Lutero, S. W. Partridge & Co., Londres, 1866, 11.

Valor doce: Las personas
1. Arthur P. Stanley, *Historical Memorials of Canterbury*. Cita de Augustín, John Murray, Londres, 1883.

Valor trece: La genialidad
1. Gene Weingarten, "Pearls Before Breakfast," *Washington Post*, 8 de abril, 2007.

Valor catorce: Corazones de carne
1. Paul O'Rourke, *Blessings of the Poor*, Strand Publishing, Sydney, Australia, 2007.
2. Anne Frank, *El diario de Ana Frank* [diversas ediciones en español].

Final: Un estudio de la devoción
1. Richard Foster, *Celebración de la disciplina*, Peniel, 2009.

MÁS ENSEÑANZAS DINÁMICAS DE

Darlene Zschech

Encuentre más acerca de Darlene, su música y sus libros en *www.darlenezschech.com*.

Descubra cómo puede experimentar el favor de Dios a medida que busque su bendición y se esfuerce por alcanzar el sueño que Él ha sembrado en su corazón. Darlene dice: "Dios está a la espera de alguien a quien besar con su favor. Está observando, con la esperanza de ver nuestras manos levantadas para amarlo, servirlo y recibir su ayuda de modo que pueda mostrar a través de nosotros su amoroso poder a un mundo que muere por falta de amor".

El beso del cielo

Entre a la presencia de Dios con una nueva comprensión y emoción al descubrir lo que significa ser un adorador sin reservas, haciendo de su vida una ofrenda de alabanza. El amor apasionado de Darlene Zschech por el Señor salta de las páginas a medida que inspira, anima e instruye a los adoradores y a los líderes de adoración.

Adoración sin reservas